서경석의 한국사 한 권

한 줄 코드 로 재밌게 읽고 평생 기억하는

서경석의 한국사 한 권

서경석 지음

창비

들어가며

**"안녕하세요. 처음 인사드립니다.
'한국사 이야기꾼' 서경석입니다."**

2년 전, 늦은 봄의 어느 토요일 아침. 마포의 한 중학교 시험장에 앉아 있던 그 순간이 지금도 생생합니다. 책상 위엔 컴퓨터용 사인펜과 수정테이프, 긴장한 수험생들 틈새로 감독관의 날 선 시선이 흐르고 있었죠. 그날은 제가 처음으로 한국사능력검정시험에 도전한 날이었습니다.

어릴 적부터 역사를 좋아했습니다. 하지만 제 의지로 역사를 깊이 공부해 본 기억은 많지 않습니다. 학창 시절에 역사는 그저 '시험 과목'일 뿐이었으니까요. 오히려 방송을 시작하고 사회인이 되고 나서야 역사와 더 자주, 깊게 마주하게 되었습니다.

2006년부터 진행한 MBC「느낌표」의 '위대한 유산 74434'는 우리 문화재의 소중함을 절실히 느끼게 해 주었습니다. 이때 일본 경매 시장에 나온 임진왜란의 영웅 김시민 장군의 교서를 국민 모금으로 환수하기도 했었지요. 제 손으로 직접 교서를 진주시에 기증했던 기억이 아직도 생생합니다. 또 KBS「천상의 컬렉션」에서는 우리 문화재를 제 시선으로 해석해 방청객 앞에서 직접 발표했었는데요, 우리 문화재의 아름다움과 가치를 알리기 위해 정말 열심히 프레젠테이션을 준비했습니다. 이런 감사하고 기적 같은 기회들이 차곡차곡 쌓이며 '이렇게 소중한 우리의 역사를 사람들에게 재미있게 들려주고 싶다.'라는 갈망이 제 마음속에서 서서히 자라났습니다.

하지만 '한국사 이야기꾼'이 되기 위한 여정은 출발부터 쉽지 않았습니다. 역사 전공자도, 전문 강사도 아닌 제가 어디서부터 어떻게 시작해야 할지 막막했기 때문입니다. 그래도 한 가지 자신 있는 분야가 있었으니, 바로 '시험'이었습니다. 그렇게 한국사능력검정시험에 도전했고, 저의 이런 도전을 좋게 봐 주신 분들 덕에 강연의 기회도 생겼습니다. 우리마포복지관에서 만난 평균 연령 69세의 어르신 열다섯 분께 한국사 강의를 하게 된 것입니다. 십여 년 전부터 마음 한편에 품어 왔던 꿈, '한국사 이야기꾼'으로서의 진짜 첫걸음을 뗀 순간이었죠.

3시간 동안 어르신들 앞에서 연기 대상급 열연을 펼치기도 하고, 방송 스케줄이 끝나고 턱시도를 그대로 입은 채 보충 수업을 녹화하기도 하면서 정말 열심히 임했습니다. 하나라도 더 쉽고 재미있게 알려 드리기 위해 이런저런 연구도 많이 했습니다. 때로는 적절한 유머를 섞고 '한 줄 코드'라는 저만의 요약 비법도 준비하면서요.

그렇게 점점 더 깊이 한국사에 빠져들던 어느 날, 뜻밖의 제안을 받게 되었습니다. 바로 이 책, 『서경석의 한국사 한 권』의 출간 제안이었습니다. 사실 처음에는 많이 망설였습니다. 역사 전공자도 아닌 제가 한국사책을 써도 될지 고민의 시간이 깊었습니다. 하지만 그때 복지관 수업 중 한 어르신께서 하신 말씀이 떠올랐습니다.

"젊었을 땐 일하느라 공부할 기회가 없었는데, 지금이라도 제대로 배워서 자식들에게 자랑하고 싶어요."

이 말씀은 제게 큰 용기를 주었습니다. 당시엔 어르신들을 위한 재능 기부의 계기였던 것이, 이번엔 한국사에 목말라하는 분들을 위한 책 집필의 이유가 되었지요.

이 책은 제가 '한국사 이야기꾼'으로서 독자 여러분께 처음 드리는 인사이자, 그간 제가 해 왔던 노력의 결실입니다. 삶에 치여 혹은 학창 시절 주요 과목에 밀려 역사에 소홀했던 분, 한국사와 친해지고 싶지만 어디서부터 어떻게 시작해야 할지 막막한 분 그리고 웃으며 재밌게 우리 역사를 한바탕 훑고 싶은 분 모두에게 이 책을 자신 있게 권합니다.

선사 시대부터 현대까지 한국인이라면 꼭 알아야 할 주요 사건들을 중심으로, 따로 사전이나 자료를 찾아보지 않아도 될 만큼 아주 쉽게 풀었습니다. 또 바쁜 우리네 일상, 한 번만 읽어도 평생 머릿속에 남을 수 있도록 저만의 노하우를 담은 한 줄 코드도 곳곳에 정리해 두었습니다. 감히 말씀드리자면, 가장 재미

있는 한국사책이 아닐까 합니다.

　자, 그럼 여러분의 유쾌한 이야기꾼 저, 서경석과 함께 우리 역사의 현장으로 힘차게 떠나 볼까요?

2025년 7월
서경석

들어가며 • 4

1부 선사 시대

구석기 | 돌로 도구를 만들기 시작하다 • 12

신석기 | 농경은 혁명이야 • 18

청동기와 철기 | 계급과 전쟁의 시작 • 23

2부 고조선과 철기 시대 여러 나라

고조선 | 한반도에 처음 입주한 나라 • 30

부여·고구려·옥저·동예·삼한 | 각양각색 개성파 국가들 • 34

3부 삼국과 가야

고구려 | 최강 군사를 자랑한 용맹의 아이콘 • 42

백제 | 1등으로 잘나가던 문화 강국 • 51

신라 | 대기만성형 나라의 대표 • 60

가야 | 철 하면 가야, 가야 하면 철! • 67

4부 남북국과 후삼국

통일 신라 | 진짜 하나가 되기 대작전 • 72

발해 | 역사상 최대 영토를 자랑한 해동성국 • 81

후백제와 후고구려 | 호족, 새 나라를 세우다 • 84

5부 고려

고려 전기 | 고려 왕조 500년의 출발 • 90
고려 중기 | 나라 안팎에서 벌어지는 각종 혼란 • 102
무신 집권기 | 자, 이제 무신의 시대를 시작하지 • 107
원 간섭기 | 고려, 원나라의 사위가 되다? • 112
고려 말기 | 요동 정벌, 그것이 문제로다 • 121

6부 조선

조선 전기 | 유교 국가 조선의 태평성대 200년 • 126
임진왜란과 병자호란 | 조선사를 통째로 뒤흔든 전쟁 • 156
조선 후기 | 엎치락뒤치락 정국 변동과 천재 왕의 등장 • 171

7부 근대

개항·개화·개혁 | 한반도를 드리우는 검은 그림자들 • 196
국권 피탈과 저항 | 아프지만 알아야 할 치욕의 역사 • 225
일제의 강점과 대한민국 임시 정부 | 억압 속에도 굳게 내린 우리의 뿌리 • 236
국내외 독립운동 | 독립을 향한 처절하고 숭고한 투쟁 • 251

8부 현대

광복~1950년대 | 격동의 광복과 분단 • 266
1960~1970년대 | 독재 정권과 저항 • 282
1980년대 | 민주화를 향한 시민들의 외침 • 292
1990년대 이후 | 가장 가까운 지금 우리의 역사 • 298

사진 출처 • 305

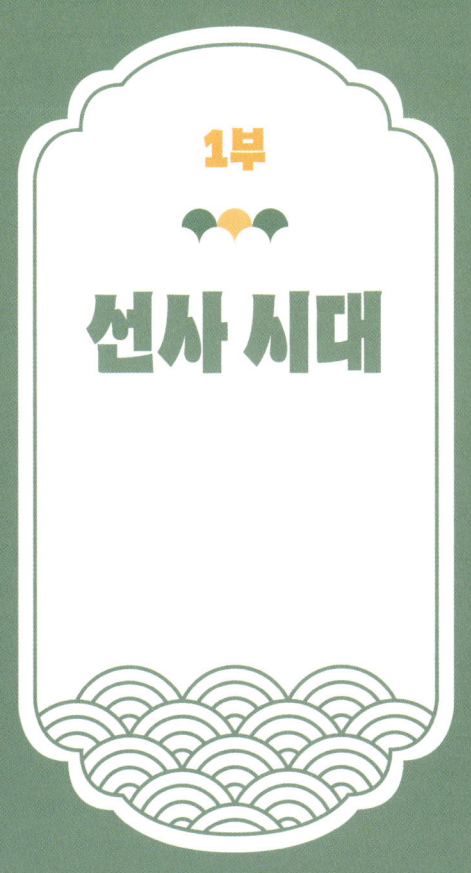

1부
선사 시대

선사 시대의 '선'은 먼저 선(先), '사'는 역사 사(史)입니다. 그러니 선사 시대는 '역사 시대 이전'이라는 뜻이겠지요. 선사 시대와 역사 시대를 무엇으로 구분할까요? 문자가 있었느냐 없었느냐, 역사를 글로 기록했느냐 아니냐로 구분합니다. 선사 시대는 기록이 없기 때문에 그때 무슨 옷을 입었고, 어떻게 먹었고, 어디서 잤고, 무슨 도구를 썼는지가 각 시대를 드러내는 중요한 특징이 됩니다. 그럼 '시작의 시대', 선사 시대로 떠나 보시죠.

시작의 시대, 구석기

 사실 우리는 모두 선사 시대 전문가입니다. 보다 정확히 얘기하면 '주먹 도끼와 찍개' 전문가죠. 무슨 말이냐고요? 한국사 공부를 시작하면 제일 처음 접하는 시대가 구석기 시대이고, 구석기 시대의 대표적 유물이 주먹 도끼와 찍개이다 보니 그것만큼은 모르는 사람이 없다는 말이죠. 문제는 선사 시대만 주야장천 반복해서 공부하고 그다음 고대 시대로 넘어가지 못하는 것입니다. 심지어 같은 선사 시대임에도 구석기에서 신석기로 넘어가지 못하는 사람들도 상당하다는 사실! 부디 여러분은 그렇지 않기를 바랍니다. 선사 시대는 우리 역사의 시작이면서 어떤 시험에서든 첫 문제에 단골 등장하는 중요한 시기이니까요.

선사 시대의 구분

구석기 시대에 대해 알아보기 전에 선사 시대의 시기 구분을 먼저 살펴보겠습니다. 선사 시대는 어떤 도구를 썼느냐에 따라 네 시기로 나눠요. 구석기, 신석기, 청동기, 철기가 그것이지요. 구석기, 신석기에 나오는 '석'은 돌 석(石)입니다(참고로 제 이름의 '석'은 돌(石)에서 조금 진화한 금속, 주석 석(錫, Sn)입니다).

석기 중 더 '오래된' 돌을 사용한 시대가 구석기(舊石器)입니다. 그럼 오래된 돌 다음은 무얼까요? '새로운' 돌이겠죠? 그래서 신석기(新石器)로 이어집니다. 그러다 '돌보다 좋은 게 없을까? 금속을 쓰자.' 하면서 청동기로 넘어갑니다. 그리고 금속을 가공하는 기술이 점차 발전하면서 철기로 이어지게 됩니다.

선사 시대의 순서

구석기 → 신석기 → 청동기 → 철기

구석기인들의 생존 노하우

구석기 시대에는 옷을 만들어 입을 도구나 기술이 아직 발달하지 않았어요. 그래서 동물을 사냥해 그 가죽이나 털로 옷을 삼아 입었을 겁니다. 한 벌에 수천만 원씩 하는 고가의 모피 코트를 수십만 년 전 구석기인들은 늘상 입고 다녔던 거죠.

식량은 어떻게 구했을까요? 앞서 말한 사냥, 즉 수렵 활동을 통해, 또 나무의 열매를 따 먹는 채집 활동을 통해 배를 채웠습니다. 농경이 시작되기 전이니 동물의 고기나 생선으로 단백질을, 각종 식물의 열매와 이파리로 섬유질과 비타민을 주로 섭취하는 '저탄고단백' 식단을 실천한 셈이죠. 그런 구석기인들에게 '비만'은 정말 남의 세상 얘기였을 거예요.

수렵과 채집으로 끼니를 해결했던 구석기인들은 자연스럽게 여기저기 옮겨 다니는 이동 생활을 했습니다. 옮겨 다녀도 잠은 자야 했을 텐데 이럴 때 가장 좋은 곳이 어디였을까요? 야생 동물이나 비바람으로부터 몸을 보호할 수 있는 지붕과 벽이 자연적으로 갖춰진 곳, 바로 동굴이었습니다. 조금 더 부지런한 구석기인들은 직접 집을 짓기도 했어요. 자주 다른 곳으로 이동해야 했으니 정교하게 집을 지을 필요는 없었을 겁니다. 그래서 말 그대로 막 지은 집, 막집에서 살았죠.

구석기 사람들이 만들어 쓰던 도구들

 구석기 시대 사람들은 어떤 도구를 썼을까요? 일단 가장 흔하게 볼 수 있는 단단한 재료로 도구를 만들었습니다. 그게 바로 돌이죠. 하지만 아직 정교하게 돌을 다듬는 기술이나 기계는 없었어요. 그래서 바위에 큰 돌을 던져서 깨거나 돌끼리 부딪쳐 깨뜨렸죠. 그렇게 돌 조각을 떼었다 하여 '뗀석기'라고 부릅니다. 간혹 돌에다 불을 '땐' 거냐고 묻곤 하시는데, 불 땐 거 아니고 돌 조각을 '뗀' 거예요.

 대표적인 뗀석기로는 주먹 도끼, 찍개, 슴베찌르개가 있습니

다양한 모양의 뗀석기 유물

구석기 만능 칼 주먹 도끼　　　나무를 대어 창으로 썼던 슴베찌르개

다. 주먹 도끼와 찍개는 사냥한 동물의 가죽을 벗겨 내거나 뼈와 살을 분리하거나 살을 토막 내는 등 다목적으로 쓰였습니다. 위 사진 속의 슴베찌르개를 보면 날 아래쪽의 좁게 다듬어진 부분을 확인할 수 있습니다. 그것을 '슴베'라고 불러요. 여기에 나무 자루를 이어 창처럼 쓴 것이지요. 우리나라에도 뗀석기 유물이 발견된 곳이 있습니다. 연천 전곡리, 공주 석장리, 단양 수양개가 대표적인 구석기 시대 유적지랍니다.

농경의 시작, 신석기 혁명

　시간이 지나면서 기술도 발전했습니다. 구석기 때는 동물의 가죽을 옷 삼아 입었다면 신석기 시대의 사람들은 옷을 지어 입기 시작합니다. 그 대표적인 유물이 실을 뽑는 도구인 가락바퀴와 옷을 꿰맬 때 쓴 뼈바늘입니다.

　신석기 시대에는 식생활에도 엄청나게 큰 변화가 있었습니다. 역사가들이 이를 '신석기 혁명'이라 칭할 정도였는데요, 무슨 일이 있었던 걸까요? 바로 농경을 시작했다는 것입니다. 그저 열매 따 먹고 짐승들만 잡아먹던 인류가 드디어 생산적인 활동을 처음으로 시작한 시대가 바로 이 신석기 시대였습니다. 본격적인 탄수화물 섭취가 시작된 거죠. 또한 사람들은 농사를 시작하면서 가축도 기르기 시작했습니다. 자연산 고기뿐 아니라 양식 고기도 먹게 된 거죠. 그런데 여기서 하나 꼭 체크해 두실 게 있어요. 우리는 보통 '농사' 하면 논에 짓는 벼농사를 생각하게 되죠. 그렇다면 신석기 시대에 시작한 농사는 벼농사였을까요? 아닙니다. 이때는 아직 논에 벼를 기르

가운데 구멍에 막대를 끼워
실을 감는 데 쓴 가락바퀴

지는 않았고 밭에서 조, 피, 수수와 같은 작물을 키웠답니다.

　농경의 시작은 주거 방식에도 변화를 주었습니다. 구석기 시대에는 이동 생활을 했기 때문에 동굴이나 막집에서 살았지만, 농사를 짓기 시작한 신석기 시대부터는 정착 생활을 해야 했습니다. 그래서 비록 현대인의 눈에는 허술해 보여도 그들 나름으로는 제대로 집을 지어 살기 시작했습니다. 그게 바로 움집입니다. 당시의 움집은 주로 '오션 뷰'나 '리버 뷰'였습니다. 바닷가나 강가와 같은 물이 있는 곳에 지었어요. 먹고 씻을 물이 가까이 있어야 생활하기 편하니까요. 물가는 또 물고기나 조개와 같은 식량을 얻을 수 있는 곳이니 더욱 살기 좋았겠죠? 그래서 신석기 시대 유물로 패총이 많이 발견됩니다. 패총의 '패'는 조개 패(貝), '총'은 무덤 총(塚)이에요. 말 그대로 알맹이를 먹고 남은

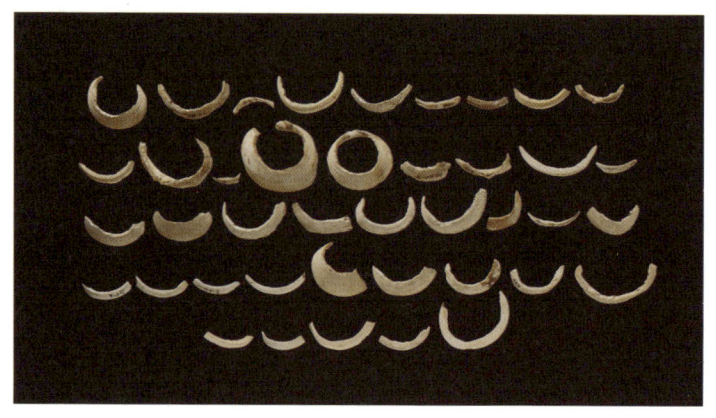

신석기 유적에서 출토된 각양각색의 조개 팔찌

조개껍데기를 쌓아 둔 조개 무덤이라는 뜻입니다. 저는 조개껍데기 하면 해변에서 예쁜 조개껍데기를 찾아 목걸이로 엮어서 연인의 목에 걸어 주는 장면이 떠오르는데 말이죠. 냅다 던져 무덤을 쌓아 버린 신석기 사람들은 어쩌면 낭만과는 거리가 좀 있었던 게 아닐까 추측해 봅니다.

이젠, 돌을 갈아 쓰다

구석기 시대의 도구는 뗀석기였습니다. 그렇다면 새로운 시대, 신석기 시대에는 석기가 어떻게 발전했을까요? 이때는 돌을 '갈아' 썼다 해서 '간석기'라 불립니다. 대표적인 유물로는 갈돌과 갈판이 있는데, 아래 사진을 보면 뗀석기에 비해 훨씬 정교하게 돌이 다듬어져 있는 걸 확인할 수 있어요. 참고로 갈돌과 갈판은 열매나 곡물의 껍질을 벗기거나 가루로 만들 때 쓴 주방 도구입니다.

이때 그릇도 생깁니다. 구석기 때는 먹을 것을 찾으면 그 자리에서 먹고 또 이동을 했으니 딱히 음식을 담아 둘 그릇은 필요 없었을 겁니다. 들고 다녀야 하니 오히려 번거롭기만 했을 거예요. 그런데 농사짓고 정착 생활을 하다 보면 남은 음식을 보관할 그릇이 필요해졌겠지요. 대표적인 그릇 유물로 빗살무늬 토기가 있습니다. 빗살무늬 토기는 아래쪽이 뾰족해서 어떻게 바닥에 세울까 하는 의문이 생기죠? 이런 모양인 이유는 땅에 그릇을 박아서 썼기 때문입니다. 신석기인들이 해안이나 강가에서 생활했다는 거 기억나시죠? 바닷가나 강가의 땅은 모래니까 뾰족한 그릇이 잘 박혔을 거예요. 이런 신석기 시대 도구

갈돌과 갈판

빗살무늬 토기

들이 발견된 우리나라 유적지로는 부산 동삼동, 서울 암사동 등이 있습니다.

벼농사 시작은 청동기

 앞서 신석기 시대는 무엇을 시작했기에 신석기 혁명이라 불렸지요? 바로 인류 최초로 농사를 시작했기 때문이었습니다. 하지만 여기서 주의해야 할 점이 있다고 했어요. 신석기 시대에는 아직 우리가 흔히 생각하는 벼농사는 시작하지 않았다는 것입니다. 그럼 벼는 언제부터 경작했을까요? 바로 청동기 시대부터입니다.

 청동기 시대부터는 농경이 생계와 생활 방식에 큰 영향을 줄 만큼 제대로 자리를 잡습니다. 이를 뒷받침하는 유물이 바로 반달 돌칼이에요. 말 그대로 납작한 반달 모양 돌에 구멍이 두 개 뚫려 있는 칼인데, 이 구멍 두 개에 실을 꿰어 손을 넣고 칼처럼 사용한 것으로 추정하고 있어요. 이것으로 벼와 같은 곡식을 베

청동기 농경 문화를 대표하는 유물인 반달 돌칼

거나 낟알을 수확한 것이지요.

 이렇게 농기구가 발달했다는 것은 생산량이 많아졌다는 것을 뜻하기도 하죠. 때로는 내 배를 채울 양을 넘어서 먹고 남는 곡식이 생기기도 합니다. 내가 수확한 것이니 이 잉여 생산물도 당연히 내 것이 되겠지요. 그래서 자연스럽게 청동기 시대부터 사유 재산의 개념이 생깁니다. 창고에 쌀 만 섬을 가지고 있던 조선 시대 만석꾼까지는 아니어도 '십석꾼'이나 '백석꾼' 정도는 청동기 시대에도 있었던 것이지요.

사유 재산의 발생 = 계급의 등장

 사유 재산의 탄생은 사회에 많은 변화를 불러일으킵니다. 만약 여러분이 이 시대 사람이라고 상상해 보세요. 나는 농사가 잘되어서 양껏 먹고도 쌀이 남았는데, 옆집은 농사가 잘 안되어 먹을 게 없어요. 처음에는 선의로 조금 나누기도 했겠지만 이런 상황이 반복되면 언젠가부터 공짜로 주지만은 않게 되겠죠? 쌀을 주는 대신에 우리 집 일을 도우라고 하거나 대가를 받을 거예요. 그러면서 점점 사람들 간에 격차가 생기고, 구석기, 신석기 시대와 같은 평등 사회의 모습은 조금씩 사라지게 됩니다. 또 얻어먹는 것도 하루이틀이지, 자존심도 상하고 남의 재산이 슬슬 탐이 나기 시작합니다. 그러면 뺏으려는 자와 지키려는 자들끼리 전쟁이 일어납니다. 전쟁이 끝나면 필연적으로 이긴 사람과 진 사람이 생기고, 그 과정에서 지배자와 피지배자라는 '계급'이 생깁니다.

계급의 출현을 엿볼 수 있는 청동기 시대 대표 유물이 고인돌입니다. 고인돌은 지배자의 무덤인데요, 지배자의 무덤이니 아주 어마어마한 모습을 보여 줘야 했겠지요? 그래서 거대한 돌을 들어 올려 만든 것입니다. 또 다른 유물로 중국 동북 지역과 한반도 전역에서 출토된 비파형 동검이 있습니다. 이 검은 위쪽은 얇고 아래쪽은 두꺼운 현악기, 비파와 생김새가 비슷하다고 해서 이름 붙여졌습니다. 주로 돌널무덤이나 고인돌에서 발견되었고, 날은 무기로 사용할 만큼 날카롭지는 않습니다. 따라서 당시 지배자의 권위를 상징하는 장신구로 사용되었을 것으로 추측되고 있지요.

신석기 시대와 마찬가지로 청동기 시대 사람들은 움집에서 생활했습니다. 다만 신석기 시대에는 강이나 해안가 근처에 움집을 지어 살았다면 청동기 시대엔 조금 더 비탈지고 높은 구릉 쪽에 집을 지어 살았어요. 그리고 외부의 침범을 막기 위해 나무 담장인 목책과 도랑인 환호(環濠)를 짓기도 했습니다. 이 또한 청동기 시대가 전쟁의 시대였음을 보여 주는 예입니다.

한 줄 코드

청계산에 가서(Go) 비빔밥을 먹으면 얼마나 맛있게요.

청 계 고 비 벼 반
동 급 인 농 달
기 출 돌 파 사 돌
  현   형 칼
      동
      검

드디어, 철의 시대가 도래하다

청동은 금속치고는 무르고 재료가 되는 주석을 구하기도 쉽지 않았습니다. 다만 낮은 온도에서도 재료가 잘 녹았기에 쉽게 제련할 수 있었죠. 그러다 시간이 지나 점점 더 높은 온도로 금속을 녹이는 기술이 발전하면서, 아주 튼튼하고 유용한 철을 보편적으로 사용하게 됩니다. 철기 시대의 시작이죠.

철기 시대에는 무기뿐만 아니라 철제 농기구도 만들어 쓰며 더욱 농경과 정복 활동이 활발해집니다. 그런데 이때 중요한 것은, 철기를 쓰게 되었다고 해서 청동기는 더 이상 만들지 않은 것이 아니라는 것입니다. 철기 시대 유물로 세형동검이 발견된 것이 그 증거입니다. 여기서 '세'는 '미세 먼지, 섬세하다'에 나오는 가늘 세(細)입니다. 가느다란 모양의 동검이었죠. 그리고 중국의 화폐인 오수전, 명도전, 반량전이 철기 시대 유적에서 나왔습니다. 이는 중국과의 교류가 있었다는 것을 뜻합니다. 마지막으로 철기 시대 대표적인 유물인 독무덤이 있는데요, 당시에는

초기 철기 시대 유물인 세형동검

시신을 토기 항아리, 즉 독에 담아 매장하는 풍습이 있었음을 알 수 있습니다.

한 줄 코드

아름다운 철새들을 보면 중독되죠.

철새중독

기형동검 한국과교류 무덤

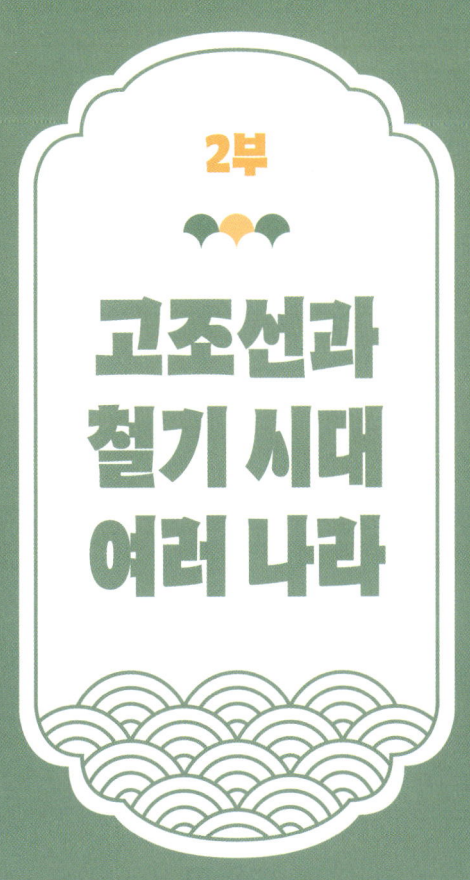

2부
고조선과 철기 시대 여러 나라

이제 우리 역사상 최초의 국가 고조선에 대해 알아봅니다. 사실 고조선의 국명은 조선이에요. 하지만 1392년에 이성계가 건국한 조선과 이름이 같기에 둘을 구분하는 차원에서 더 앞에 있던 나라에 옛 고(古)를 붙여 고조선이라 부르는 것이죠. 고조선이 사라진 후에는 곳곳에서 여러 나라들이 생겨납니다. 부여, 고구려, 옥저, 동예, 삼한은 비슷한 듯 다른 저마다의 개성을 가지고 있었습니다. 각 나라들의 공통점과 차이점을 비교해 보며 국가의 형성과 발전에 대해 살펴보겠습니다.

단군 할아버지가 터 잡으신 고조선

　고조선은 기원전 2333년에 만들어진 한반도 최초의 국가입니다. 청동기 시대와 철기 시대를 아우르던 때에 있었죠. 흔히 고조선을 세운 사람을 말할 때, 우리는 '단군'이라고 칭합니다. 하지만 이 책을 읽고 있는 여러분은 이제부터 뒤에 두 글자를 덧붙여 '단군왕검'이라 부르는 습관을 붙여 주시면 좋겠습니다. 왜냐하면 '단군'은 제사장, 그러니까 종교 의식을 집행하는 사람을 뜻하고 '왕검'은 지배자, 다시 말해 정치를 하는 사람을 뜻하기 때문입니다. 그러니 '단군왕검'이라는 말만 보아도 제사와 정치를 한 사람이 했다는 것을 알 수 있죠. 그렇습니다. 고조선은 제정일치 사회였습니다.

제사장 ← 단군 + 왕검 → 지배자

나라를 운영하기 위해서는 기본적인 규칙과 법이 있어야 했겠지요? 고조선에는 8조법, 범금 8조라 불리는 법규가 있었다고 해요. 그리고 왕 아래에는 상, 대부, 장군이라는 이름의 관리를 두어 나라를 통치했습니다. 이 이름들은 나중에 나올 다른 나라, 특히 고구려의 관리 이름들과 헷갈릴 수 있으니 명확히 구분하면 좋겠습니다.

단군 조선과 위만 조선

고조선은 크게 단군 조선과 위만 조선으로 나뉩니다. 중국 연나라의 위만이라는 사람이 고조선의 왕으로 즉위한 때가 있는데요, 이때를 기준으로 그 전을 단군 조선, 이후를 위만 조선이라 부릅니다. 적어도 고조선이 이렇게 두 시기로 구분된다는 것을 알고 있으면 요즘 세대들 말로 "한국사 좀 친다."라는 얘기를 들으실 수 있을 거예요.

단군 조선의 대표적인 왕으로 부왕과 준왕이 있습니다. 이 둘은 부자 관계였어요. 왕위를 부자 세습했다는 것은 여러 부족이 돌아가면서 대표를 뽑는 것이 아니라 하나의 강력한 부족이 왕위를 독점했다는 뜻이기도 해요. 또 이때 고조선은 중국 연나라와 대등하게 성장하면서 연나라 장수 진개의 침략을 받기도 했다는 기록도 있습니다. 참고로 진개는 이름만 '진'개고 실제로는 이긴 장수였다는 것, 함께 재밌게 기억해 보세요.

위만은 중국 연나라에서 고조선으로 망명했던 사람입니다. 그는 당시 고조선의 왕이었던 준왕의 신하로 있다가 반란을 일으켜 왕을 몰아내고 즉위했지요. 위만 조선 시기의 큰 특징은 본격적으로 철기 문화를 수용했다는 것이에요. 철로는 농기구를 비롯해 다양한 도구들을 만들었고 당연히 무기도 만들었겠죠? 그래서 이 철제 무기로 정복 활동도 활발히 합니다. 주변의 작은 군장 국가인 진번과 임둔이 이때 고조선에게 복속됐지요. 그리고 고조선은 위치상 북쪽으로는 한나라가, 남쪽에는 진국이 있었는데요, 두 국가 사이에 껴 있으니 자연스럽게 두 나라 사이의 교역을 중간에서 연결해 주는 중계 무역을 했답니다.

지금까지 고조선의 역사를 간략하게 살폈는데요, 고조선의 마지막 왕은 누굴까요? 바로 우거왕입니다. 우거! 왠지 이름부터 억울해 보이지 않나요? 고조선이 멸망하게 된 계기는 한나라의 무제가 고조선을 침략했기 때문인데요, 결국 당시 고조선의 수도였던 왕검성이 함락되었고, 한이 고조선 땅을 통치하기 위한 기구로 한사군(한4군)을 설치했습니다. 그러니까 '우거왕의 죽음', '평양성의 함락', '한사군의 설치'는 모두 한반도 최초의 국가, 고조선의 멸망을 뜻하는 말들인 셈이지요.

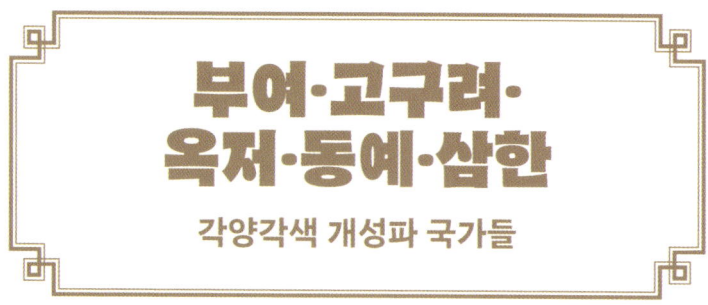

철기 시대 여러 나라들: 부고옥동삼

  고조선이 저물어 가던 즈음, 한반도에는 여러 나라들이 생겼습니다. 앞 글자만 따서 말해 보자면 '부고옥동삼'이라 할 수 있어요. 지도상 위치에 따라서 위에서부터 아래 순서로 만주 쑹화강 유역의 부여, 졸본에 터를 잡은 고구려, 함경도 해안 지역의 옥저, 강원도 북부 동해안 일대를 차지한 동예, 한강 이남의 삼한이 있었답니다. 이 다섯 나라를 읽을 땐 '부고/옥동/삼' 이렇게 나누어 읽으면 기억하기에 좋습니다. 그 이유는 붙어 있는 나라끼리 유사한 점들이 있기 때문이에요. 어떤 비슷한 점이 있는지는 이제부터 차근차근 설명해 드리도록 하겠습니다.

부여는 숫자 12와 연관이 있다?

먼저 가장 북쪽에 있었던 부여에 대해 알아보겠습니다. 부여는 5부족 연맹체였습니다. 그래서 왕과 함께 마가, 우가, 저가, 구가라는 벼슬을 가진 사람들이 함께 나라를 다스렸습니다. 참고로 이 관직의 이름은 동물에서 따온 것으로, 마가는 말, 우가는 소, 저가는 돼지, 구가는 개를 뜻합니다. 부여가 목축업과 인연이 깊었음을 알 수 있는 대목이죠. 그리고 마가, 우가, 저가, 구가가 다스리던 지역을 사출도라고 불렀어요. 네 명이니까 사출도! 참 쉽죠?

'부고옥동삼'의 역사 파트에서는 제천 행사를 비교하여 알아두시면 좋습니다. 부여는 영고라는 제천 행사를 열었습니다. 부여는 가장 북쪽에 있는 나라였던 만큼 다른 나라에 비해 추수가 늦었습니다. 다른 지역은 보통 10월에 한 해의 농사를 마무리하고 하늘에 감사를 드린 반면, 부여 사람들은 12월에 영고를 지냈습니다. 또 1책 12법이라 해서 남의 것을 훔치면 그것의 열두 배로 갚아야 하는 법도 있었다고 해요. 부여는 숫자 12와 연이 깊은 나라였나 봐요.

부여의 특별한 풍습이나 제도도 살펴보죠. 부여에는 순장이라는 장례 풍습이 있었는데, 지배자가 세상을 떠나면 그를 따르던 부하들을 같이 묻는 풍습입니다. 이름은 순장이지만 결코 순

고조선과 철기 시대 여러 나라

하지 않은 무지막지한 풍습이죠. 또 형사취수(兄死娶嫂)제라는 것도 있었습니다. 형사가 죄수를 취조하는 건가 싶죠? 전혀 아니고요, 이것은 고구려에도 있던 제도로, 형이 죽으면 동생이 형수를 취한다는 뜻이랍니다. 오늘날 사람들이 보기에는 좀 이상하다고 할 수 있을 텐데요, 이러한 제도가 있었던 이유에 대해서는 다양한 해석이 존재합니다. 혼자 남은 형의 아내를 보호하기 위해서라는 인도적인 해석도 있고요, 형의 재산이 다른 혈족이나 집단에 넘어가는 것을 막기 위해서라는 해석도 있답니다.

용맹한 나라, 고구려

고구려를 세운 왕은 동명(성)왕, 본명은 고주몽입니다. 주몽은 원래 부여 사람이었는데, 부여를 벗어나 부여 남쪽에 터를 잡아 고구려를 건국했죠. 고구려도 부여와 똑같이 5부족 연맹체였고, 제가 회의라는 귀족 회의를 열었지요. 왜 부여와 고구려가 유사성을 띠는지 이를 통해서도 엿볼 수 있겠습니다.

고구려에도 제천 행사가 있었습니다. 이름은 동맹으로, 매년 10월에 거행했습니다. 고구려의 장수들은 '용맹'했고, 제천 행사는 '동맹'이었습니다. 라임 좀 나오죠?

고구려의 특별한 풍습으로는 첫 번째, 서옥제가 있습니다. 여기서 '서(婿)'는 사위를, '옥(屋)'은 집을 뜻합니다. 결혼할 남자가 어릴 때 장차 결혼할 여자의 집 옆에 집을 짓고 같이 살다가, 남녀가 장성하면 결혼을 하는 제도인데요, 일종의 데릴사위제라고 할 수 있지요. 또 기록에 따르면 고구려에는 부경이라는 창고가 있었다고 합니다. 이 창고는 나라에서 운영하는 큰 창고가 아니라, 집집마다 딸려 있던 작은 창고였습니다. 농업 생산력이 커짐에 따라 사유 재산 또한 늘어난 당시 고구려 사회를 엿볼 수 있는 흔적이지요.

이렇게 용맹한 정복자의 이미지가 있는 고구려는 관리 이름도 거칠고 용맹스러운 느낌입니다. 왕 아래 상가, 고추가, 대로, 패자, 사자, 조의, 선인, 욕살, 처려근지 등의 관리가 있었답니다. 이 중에 욕살과 처려근지는 지방관 이름입니다. 고조선의 관리 이름인 상, 대부, 장군이 깔끔한 느낌을 주는 것과 비교해서 기억해 두시면 좋겠지요?

뚜렷한 개성을 가진 옥저와 동예

옥저의 결혼 풍습으로는 민며느리제가 있습니다. 이것은 앞서 봤던 고구려의 서옥제에서 남녀가 반전된 것인데요, 결혼할 여자가 어렸을 때 미리 결혼할 남자의 집에 가서 살았던 것이지요.

또 옥저에서는 사람이 죽으면 일단 매장해서 나중에 뼈를 추린 다음 가족 공동 묘에 함께 묻었다고 해요. 그리고 옥저와 동예는 읍군과 삼로라는 이름의 군장들이 나라를 다스렸습니다.

동예에는 어떤 특징적인 풍습이 있었을까요? 동예의 제천 행사 이름은 무천으로 10월에 열렸습니다. 동'예'는 이름처럼 '예'의를 중시하면서 지켰던 규범이 있었는데(물론 동예의 예(濊)와 '예의'할 때 예(禮)는 다른 한자입니다), 그 이름은 책화입니다. 이는 부족 간의 경계를 넘어가면 크게 책임을 지고 변상해야 했던 제도입니다. 그런데 아이러니한 것은 평소에는 부족 사이의 경계를 엄격하게 지켰지만 결혼은 그 경계를 넘어서 했습니다. 반드시 다른 부족과 결혼을 해야 했던 것이죠. 이른바 '족외혼'의 풍습이 있었는데요, 어찌 보면 이것도 예의를 지킨 것일 수도 있어요. 부족 간의 평화로운 교류를 결혼이라는 예로 꾀한 것이니까요.

동예에는 단궁, 과하마, 반어피와 같은 특산물도 유명해요. 단궁은 활, 과하마는 과일 나무 밑을 지나다닐 수 있는 작은 말, 반어피는 반만 물고기인 동물의 가죽, 다시 말해 바다표범의 가죽이라는 뜻입니다. 동예는 동해를 끼고 있던 나라였기 때문에 어로 활동도 활발했던 모양입니다. 옛날 동해에는 바다표범이 살았다는 사실도 놀랍네요.

한 줄 코드

🙂 학원에는 종합반과 단과반이 있지요?

동무랑 **책** 들고 **단과반**에 간다
예 천   화   궁 하 어
                   마 피

제사장을 따로 둔 삼한

　삼한은 마한, 진한, 변한을 통칭하여 부르는 이름입니다. 삼한은 신지, 읍차라는 이름의 군장과 천군이라는 이름의 제사장이 있었지요. 이 점이 삼한만의 특징입니다. 고조선은 '단군왕검'이라는 이름만 보아도 제정일치 사회임을 알 수 있었지요? 삼한은 그 반대였습니다. 정치를 하는 군장과 제사를 지내는 제사장이 서로 달랐던 제정 분리 사회였던 것이지요. 삼한에는 천군이 다스리는 지역인 소도가 있었습니다. 이곳은 도둑이 들어가도 잡으러 따라 들어갈 수 없을 만큼 신성한 구역이었지요. 또 삼한은 제천 행사를 특이하게도 1년에 두 번 계절제로 했습니다. 씨를 뿌리는 5월과 곡식을 거두는 10월에 열렸지요.

삼한 중 변한이 있던 지역은 예로부터 철이 유명했습니다. 이 지역은 나중에 철의 나라 가야가 자리 잡는 곳이기도 하죠. 변한은 길쭉한 모양의 쇠판인 덩이쇠(철정)를 화폐로 사용하기도 했고, 이 철을 주변국인 낙랑이나 왜로 수출할 정도로 강철 강국이었습니다. 변한의 이런 기운이 2,000년이 흐른 오늘날 포항의 포스코로 이어진 건 아닐까 싶네요.

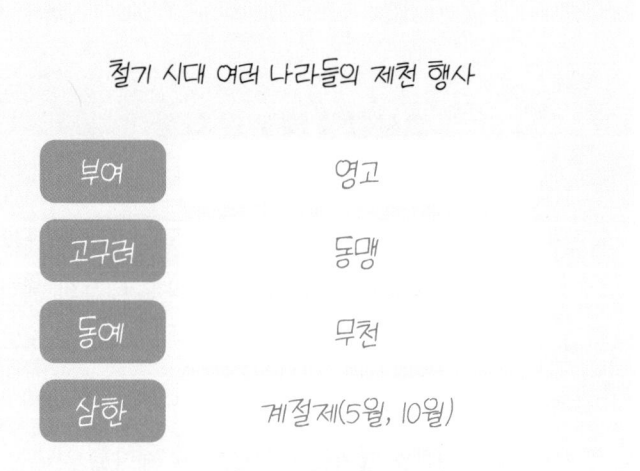

3부
삼국과 가야

"태정태세문단세……" 한국인이라면 구구단 다음으로 열심히 외운 것이 조선 왕조의 계보가 아닐까 싶습니다. 이렇듯 왕조의 순서를 알면 역사의 흐름을 잘 이해할 수 있습니다. 다만, 우리 역사에는 조선이라는 나라만 있었던 것은 아닙니다. 특히 고구려, 백제, 신라에 가야까지 여러 나라가 얽히고설킨 고대에는 각 나라의 왕 계보를 전부 외우는 것이 쉽지 않을 겁니다. 이젠 부담을 내려놓으셔도 좋습니다. 큰 업적을 세웠거나 주요한 사건이나 이슈가 있었던 왕만 보실 수 있게 제가 딱 정리했거든요. 그럼 저만 믿고 삼국 시대로 떠나 보시죠!

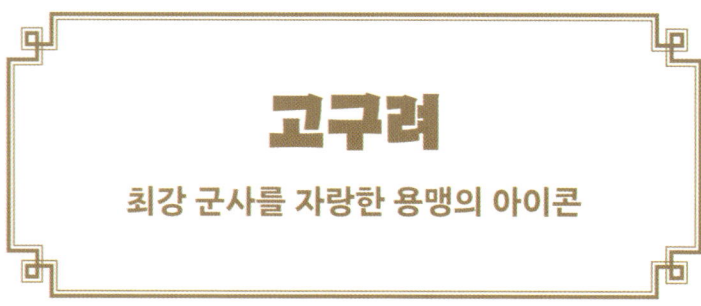

우당탕탕 고구려 초기 왕들: 천동미원

고국천왕은 업적 하나만으로도 유명합니다. 바로 진대법인데요, 진대법은 빈민 구휼 제도로 봄에 곡식을 빌려주고 가을에 받는 방식(춘대추납)으로 가난한 백성들을 돕는 제도였지요. 참고로 진대법은 고국천왕 혼자서 이룩한 업적은 아니랍니다. 을파소라는 재상의 건의로 실시된 것이었죠.

우리는 대개 시험을 보기 위해 한국사를 시작하는 경우가 많다 보니, '왕-업적'으로만 짝을 지어 외우고 넘어가는 경우가 참 많아요. 그런데 사실 대부분의 성과 뒤에는 기획 단계부터 중간 과정, 최종 결과에 이르기까지 혼신의 힘을 다해 노력한 신하와 수많은 실무진들이 있었을 거예요. 그럼에도 불구하고 후대의 사람들은 왕만을 기억하는 경우가 많아, 이런 현실이 안타까울 때도 있습니다. 그래서 저는 꼭 중요한 역할을 한 신하만이라도 함께 알아 가시라고 추천하고 싶습니다.

저는 언젠가 기회가 되면 큰일을 해낸 신하들의 이야기만 모아서 글을 써 볼 생각이에요. 제목은 『결코 아래(下)일 수 없는 그 이름, 신하(臣下)』 정도로 지을까 싶네요. 이 책을 읽고 계신 독자 여러분도 한 분, 한 분 모두가 대한민국을 유지, 발전시켜 가고 있는 훌륭한 국민임을 잊지 마시고 자부심과 자신감을 가지시길 바랍니다.

다시 진대법 이야기로 돌아갈게요. 진대법과 같은 춘대추납의 구휼 제도는 후세에도 계속 이어져요. 고려 태조 때는 흑창이라는 이름으로, 고려 성종 때는 의창이라는 이름으로 실시되었죠. 그러니 빈민 구휼 제도의 원조라 할 수 있는 진대법은 역사적으로 더욱 큰 의미를 갖는다고 볼 수 있고, 그런 훌륭한 제도를 고국천왕에게 건의한 사람이 바로 을파소랍니다.

동천왕은 좋지 않은 사건 때문에 언급되는 왕입니다. 동천왕이 집권하던 시기 위나라의 관구검이라는 장수가 고구려를 침략했는데, 이때 고구려의 수도 국내성의 북쪽에 있던 환도산성이 함락되었습니다. 이래서 "동천왕은 환도산성이 함락된 게 업적"이라고 우스갯소리를 하기도 하죠.

미천왕은 동천왕과 반대입니다. 이름은 좀 미천한 느낌일지 몰라도 사실 엄청 강하고 살벌한 왕이었어요. 낙랑군과 대방군을 축출하고 중국 땅인 서안평까지 점령하는 기염을 토했습니다.

 마지막 고국원왕은 이름에 '원' 자가 들어 있기도 하니 원통하게 죽은 것을 기억해야 할 왕입니다(실제 한자는 근원 원(原) 자랍니다). 고국원왕은 백제의 전성기를 이끈 4세기 근초고왕의 침입 때 사망하거든요. 이때 고구려의 평양성이 함락되었는데, 당시 평양은 고구려의 수도는 아니었지만, 그때도 매우 중요하고 큰 지역이었기 때문에 평양성이 무너진 것은 고구려의 큰 피해를 의미했죠.

고구려의 전성기를 꽃피운 세 왕: 소광장

 이제 고구려의 전성기로 넘어갑니다. 소수림왕은 고구려의 새 시대를 열었던 왕으로, 그의 아버지는 앞서 이야기한, 원통하게 죽은 고국원왕이었습니다. 아버지가 백제에 의해 돌아가신 후 소수림왕은 얼마나 복수심이 불타올랐을까요. 그래서 소수림왕은 최선을 다해서 고구려를 일으켜 세우고자 노력합니다. 그 일환으로 국가의 체제를 정비하기 시작하죠. 국가 운영의 기본인 법규와 정신적 기반이 되는 종교, 그리고 인재를 기르기 위한 교육 기관을 하나하나 채워 나가기 시작합니다. 그래서 형법과 행정법의 성격을 동시에 지닌 율령을 반포했고, 중국

전진에서 순도라는 사람을 통해 불교를 수용했으며, 국립 대학인 태학을 설치했습니다. 이런 탄탄한 제도들을 기반 삼아 고구려는 전성기를 꽃피우게 됩니다.

고구려의 전성기 하면 빼놓지 않고 언급되는 사람이 바로, **광**개토 대왕이죠. 그는 엄청난 정복 활동으로 고구려의 영토를 크게 확장합니다. 후연, 거란을 격파하여 각각 요동과 만주 지역을 장악했죠. 또 400년에는 신라에 왜가 침입을 했는데 이때 신라의 왕 내물 마립간이 고구려에 구원 요청을 합니다. 그래서 광개토 대왕이 신라에 군사를 보내 왜구를 격퇴했는데요, 고구려군은 왜가 도망가는 길마다 따라다니면서 문자 그대로 작살을 내 버립니다. 이때 왜군이 도망간 곳 중에는 금관가야 땅이 있었는데요, 왜군을 쫓아온 고구려군이 금관가야 지역을 초토화하는 바람에 금관가야가 큰 타격을 입기도 했어요. 이 영향으로 금관가야는 점점 국력이 쇠퇴해 가다가 연맹 내에서 주도적인 역할을 하지 못하게 되었지요. 광개토 대왕이 이끈 고구려의 영향력이 실로 어마어마했다

불꽃 무늬 광배가 특징인 고구려의 대표 불교 유물 연가 칠년명 금동 여래 입상

경주 호우총에서 발견된 청동 그릇의 정면과 바닥 면

는 걸 알 수 있는 대목입니다.

이렇게 잘나가던 왕, 광개토 대왕은 영원한 즐거움이라는 뜻의 영락(永樂)이라는 연호도 사용합니다. 이는 한국사 최초의 연호이죠. 이뿐만 아니라 유물들을 통해서도 광개토 대왕의 파급력을 느낄 수 있습니다. 신라의 수도였던 경주의 무덤에서 발견된 호우명 그릇의 바닥에는 '을묘년(415년)에 국강상광개토지호태왕을 기념하여 만든 그릇 열 개'라는 뜻의 한자가 적혀 있어요. 이 그릇은 광개토 대왕의 아들 장수왕이 선왕을 기리기 위해 만든 제사 그릇이라고 해요. 어떻게 경주까지 이 그릇이 흘러들어 갔는지는 모르지만 신라 왕족의 무덤에서 광개토 대왕의 이름이 발견될 정도라니! 확실히 그의 파워가 대단했음을 느낄 수 있습니다.

　충주에 가면 **장**수왕이 세운 것으로 추측되는 충주 고구려비도 있습니다. 아버지 광개토 대왕이 북쪽 영토 확장에 큰 기여를 했다면, 장수왕은 한반도 남쪽을 향해 영토를 넓혀 가는 남진 정책을 실시했습니다. 그래서 충주까지 가서도 고구려의 흔적을 찾아볼 수 있는 것이지요.

　장수왕은 남진 정책의 일환으로 수도를 국내성에서 더 남쪽에 있는 평양으로 옮겼습니다. 이는 고구려 남쪽의 두 나라 백제와 신라에 위협적인 소식이 아닐 수 없습니다. 그래서 백제의 비유왕과 신라의 눌지 마립간은 나제 동맹을 맺기도 하죠.

　그럼에도 장수왕의 기세는 엄청났어요. 위험을 감지한 백제의 개로왕은 당시 중국 북위의 왕에게 국서를 보내 고구려를 공격해 달라고 요청하기도 했죠. 하지만 북위는 이 요청에 퇴짜를 놓았고, 오히려 백제가 보낸 국서의 내용이 장수왕의 귀에 들어가는 역효과가 납니다. 분개한 장수왕은 바로 백제를 쳤어요. 결국 백제의 수도 한성(지금의 서울)이 함락되고 개로왕은 괴로워하며 죽는 최후를 맞이하죠. 이로써 고구려는 한강 유역을 차지하는 쾌거를 이루고, 백제는 쫓겨나듯 수도를 웅진(지금의 공주)으로 옮기게 됩니다.

장수왕의 영토 확장 능력을 엿볼 수 있는 충주 고구려비

저물어 가는 고구려: 영류보

영양왕이 재위하던 7세기 초, 고구려에는 아주 중요한 사건이 일어납니다. 중국의 수나라가 대군을 이끌고 고구려를 침략한 일이죠. 이때 고구려의 엄청난 장수가 활약합니다. 바로 을지문덕이죠. 을지문덕은 현재 청천강 일대인 살수에서 수나라 군대를 크게 물리칩니다. 또 바보 온달과 평강 공주 설화로 유명한 온달 장군이 아차산성 전투에서 사망했던 일도 영양왕 때 일어났습니다.

중국의 패권이 수나라에서 당나라로 넘어가던 때, 고구려의 영류왕은 당의 침략을 대비해 천리장성을 축조합니다. 성 축조의 총책임자가 그 유명한 연개소문이었습니다. 그러나 연개소문은 정권을 차지하려는 야심을 차츰 드러내기 시작하고, 결국 정변을 일으켜 영류왕을 죽이고 보장왕을 새 왕으로 세웁니다. 보장왕은 허수아비 왕이었을 뿐, 실질적인 고구려의 지배자는 연개소문이었죠.

천리장성을 쌓을 때부터 우려했던 일이 이후 벌어집니다. 당나라가 고구려에 쳐들어온 것이지요. 고구려는 안시성 전투에서 멋지게 당나라 군대를 막아 냅니다. 하지만 영광은 오래가지 않습니다. 시간이 지나 연개소문의 아들들이 서로 권력 다툼을 하느라 혼란스러운 때에, 이를 갈던 당나라가 신라와 연합해 또다시 고구려를 공격하면서 허무하게도 평양성이 함락됩니다. 그렇게 보장왕은 나라의 미래를 전혀 보장하지 못한 고구려의 마지막 왕이 되고, 668년 고구려는 역사의 뒤안길로 사라집니다.

고구려의 주요 왕 10명을 읊어 볼까요?

고국천왕 동천왕 고국원왕 미천왕 소수림왕 광개토대왕 장수왕 영양왕 영류왕 보장왕

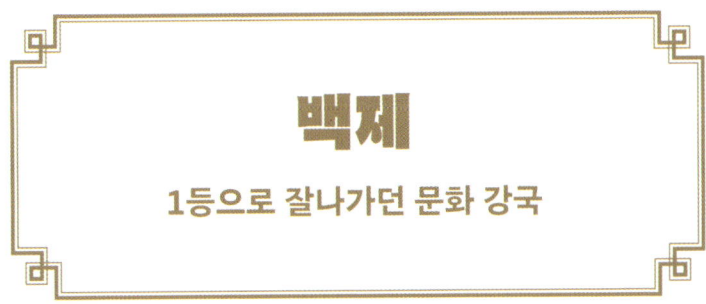

한강을 제일 먼저 차지한 백제: 고근침개문

삼국의 역사를 배울 때 매우 중요하게 여기는 지역이 있습니다. 이곳을 차지한 때가 그 나라의 전성기라고도 말하죠. 바로 한강입니다. 한강 유역은 평야가 넓고 물이 풍부해 농사짓기 좋고, 바다와 가까워 교통이 편리하기 때문이지요. 백제는 이 한강 유역인 위례를 첫 도읍으로 삼고 건국한 나라였지요. 그러니 삼국 중 가장 먼저 전성기를 맞이할 수 있었던 겁니다.

어떤 나라든 전성기를 맞기 전에는 나라의 기틀을 닦아 놓은 왕이 있기 마련입니다. 고구려에 소수림왕이 있었다면, 백제에는 **고**이왕이 있었지요. 그는 율령을 반포하고 관직을 재정비하고 공복을 제정하는 등의 업적을 세웠습니다.

그리고 백제의 전성기를 이끈 왕이 나타납니다. 바로 **근**초고

왕이죠. 앞서 고구려의 역사를 설명할 때 근초고왕이 이미 한 번 등장했었습니다. 근초고왕이 고구려를 공격해 평양성을 함락하는 과정에서 고국원왕이 원통하게 죽었죠. 이뿐만 아니라 근초고왕은 중국의 산둥, 일본의 규슈 지역과 교류했습니다. 칠지도라는 일본의 보물을 본 적 있으신가요? 일곱 개의 가지가 뻗은 칼인데요, 백제 근초고왕이 일본에 선물한 것으로 알려져 있어요. 이렇게 나라가 잘나갈 때, 여러분이 왕이라도 이 역사를 기록하고 싶겠지요? 그래서 근초고왕은 고흥이라는 신하를 시켜 『서기』라는 역사서를 편찬하기도 합니다.

침류왕 때는 백제에 불교가 들어옵니다. 고구려와는 다르게, 전성기를 이미 맞이하고 난 이후인 침류왕 때 동진의 마라난타라는 승려를 통해 불교를 받아들였죠.

삼국 중 가장 먼저 전성기를 맞아 최고점을 찍었던 백제에도 여러 시련들이 찾아옵니다. **개**로왕이 그 예이죠. 고구려 장수왕의 침략으로 개로왕은 괴롭게 사망하고 수도 한성을 고구려에 내주게 됩니다. 개로왕의 아들 **문**주왕은 급하게 웅진으로 천도를 하게 되지요.

일본의 국보인 칠지도

백제를 다시 일으키고자 했던 노력: 무성무

 이대로 백제는 쇠락해 버렸을까요? 그렇지 않아요. 중흥이라는 말을 들어 보셨지요? 안 좋은 상황에서 포기하지 않고 다시 일어서려는 노력을 한 통치자들이 있습니다. 그 주역들인 **무령**왕, **성**왕, **무**왕 이 세 명의 왕에 대해 알아볼게요.

 저처럼 대전, 충남 지역에서 어린 시절을 보낸 분들은 학교 다닐 때 이 왕의 무덤으로 소풍이나 견학을 많이 가 보셨을 겁니다. 바로 무령왕이죠. 무령왕은 지방 행정을 정비하기 위해 22담로에 왕족을 파견한 왕으로 유명하지요. 공주에 있는 무령왕릉은 삼국 시대 왕릉 중 누구의 무덤인지, 언제 이 무덤을 축조했는지 그 연대를 확인할 수 있는 유일한 무덤입니다.

 또 여기서 매지석이 출토되기도 했습니다. 매지(買地), 즉 땅을 산다는 내용이 담긴 돌인데, 이미 국토의 주인인 왕이 왜 굳이 땅을 샀을까요? 이는 신선에게서 땅을 산다는 종교적인 의미가 담겨 있는 것이랍니다. 백제 문화에는 도교 사상도 깊이 관여하고 있었음을 알 수 있죠. 또 무령왕릉은 벽돌무덤인데요, 이는 중국 남조 양나라와 밀접하게 교류했다는 증거가 되기도 합니다. 게다가 관을 만드는 데 사용한 나무가 왜(일본)의 나무여서 일본과도 교류했음을 알 수 있지요. 왕의 무덤 하나에서 이렇게 많은 것들을 알 수 있으니, 유적·유물의 발견과 보존, 연구가 얼

무령왕릉에서 출토된 무령왕과 왕비의 매지석

마나 중요한지를 다시 한번 실감할 수 있습니다.

다만 아쉬운 점은 어릴 적 소풍으로 갔을 때엔 이런 중요한 사실들에 대해 깊이 생각해 보지 못했다는 것이지요. 다행스럽게도 이렇게 다시 공부하며 놓쳤던 것을 알게 되었지만요. 그랬던 경험이 있어서, 이 책을 어린이·청소년 친구들도 많이 읽었으면 한답니다. 현장 체험 학습, 가족여행으로 문화재를 접했을 때 바로바로 그 의미를 실감할 수 있도록 말이지요.

성왕도 무령왕 못지않게 업적이 많습니다. 먼저 고구려를 피해 급하게 자리 잡았던 웅진에서 사비(지금의 부여)로 수도를 옮겨 성도 새로 짓고 도시도 재정비했죠. 또 모든 걸 새롭게 시작하는 의미로 나라 이름을 백제에서 남부여로 바꿉니다.

이름을 이렇게 바꾼 데에는 사연이 있습니다. 백제의 시조인 온조의 아버지는 고구려의 시조인 주몽입니다. 한데 주몽은 어디 출신이었지요? 철기 시대 여러 나라 '부고옥동삼' 중 '부', 바로 부여였죠. 성왕은 자신들의 나라가 과거부터 내려오는 부여라는 나라를 계승한 것임을 보이고자 국호를 이렇게 바꾼 것이라 볼 수 있습니다. 또 백제 왕족의 성씨도 부여였으니 그리 새로운 일도 아니었을 겁니다.

성왕은 국력 회복을 위해 전투에도 열심이었습니다. 신라 진흥왕과 협력해 고구려에 빼앗겼던 한강 유역을 다시 찾아오기도 하죠. 하지만 수복의 시간은 길지 않았습니다. 처음엔 한강 유역을 얻으면 신라와 백제가 한강 위의 땅과 아래 땅을 사이좋게 나눠 가지려 했어요. 그런데 어디 그러기가 쉬운가요? 진흥왕이 배신합니다. 신라가 한강 유역을 독차지하자 분개한 성왕은 신라를 치러 갑니다. 하지만 관산성에서 매복해 있던 신라군의 기습으로 성왕이 사망하고, 이로써 백제는 한강 땅을 모두 신라에게 내주게 됩니다. 성왕은 많은 것을 이루었지만 한강 유역 회복의 꿈은 끝내 이루지 못했습니다.

무왕(武王)은 이름처럼 성왕 이후 쇠퇴해 가던 백제의 중흥을 다시 한번 도모한 용맹스런 왕인데요, 정복 전쟁에서의 강력한 이미지보다는 선화 공주와의 러브 스토리 때문에 낭만주의자로 더 유명하지요. 무왕을 얘기할 때엔 '익산'을 빼놓을 수 없습니다. 옛날에는 '금마저'라 불렸던 익산은 무왕의 꿈이 담겨 있던 지역이었습니다. 무왕은 거의 수도 조성에 버금갈 정도로 익산을 계획 도시로 만들고자 노력했어요. 그 대표적인 예가 왕궁리 유적과 미륵사지인데요, 미륵사는 그 터와 미륵사지 석탑만 유물로 남아 있습니다. 이 탑은 우리나라에 남아 있는 석탑 중 가장 오래된 것이기에 그 가치가 높습니다.

목탑 양식으로 만든 익산 미륵사지 석탑

삼국 중 제일 먼저 망한 나라

백제의 마지막 왕 의자왕은 대체로 매우 안 좋은 이미지로 그려집니다. 나라는 내팽개치고 향락에 빠진 타락했던 왕으로요. 그러나 집권 초기의 의자왕은 정말 용맹하고 훌륭한 통치자였습니다. 그것을 증명하는 대표적인 사건이 신라의 대야성을 함락한 것입니다.

대야성 전투가 일어났던 642년은 한국 고대사에서 중요한 터닝 포인트였던 시기이기도 합니다. 삼국 통일의 첫 단추가 되는 사건들이 이 해에 일어났기 때문이죠. 이 대야성 전투에서 대야성의 성주와 성주의 아내가 죽었는데, 그 아내가 바로 신라 김춘추의 딸 고타소였습니다. 김춘추는 나중에 신라의 태종 무열왕이 되는 사람이죠. 딸의 죽음으로 김춘추는 충격에 빠졌겠죠. 저도 딸을 키우고 있는 아빠로서 김춘추가 얼마나 큰 슬픔과 분노를 느꼈을지 알 것 같습니다. 살벌한 액션 영화의 상징 「테이큰」의 리암 니슨이 그렇게 분노하며 악당들을 작살낸 것도 바로 딸이 납치되었기 때문이잖아요. 하지만 김춘추는 리암 니슨처럼 바로 흥분하진 않습니다. 거사를 위해 한발 물러서서 복수의 칼을 갈기 시작합니다.

같은 해에 이웃 나라 고구려는 연개소문의 정변으로 정권이 바뀌게 됩니다. 잠시 김춘추의 입장이 되어 볼게요. 백제에 대한 복수심이 불타올랐던 김춘추는 백제를 치기 위해 주변 나라에 도움을 청하러 갑니다. 가장 먼저 간 곳은 바로 고구려였죠. 하지만 호락호락하지 않았던 고구려는 도와주는 대가로 예전에 빼앗겼던 한강 쪽 땅을 돌려 달라고 합니다. 이 요구를 들어줄 수 없었던 김춘추는 결국 감금되었다가 기사회생으로 고구려 땅을 빠져나오게 됩니다. 그렇게 신라로 돌아간 김춘추는 다시 도움을 청하러 떠납니다. 이번엔 어디였을까요? 바로 당나라였죠. 이때 나당 연합군이 결성됩니다.

나당 연합군은 가장 먼저 백제부터 공격합니다. 여러 가지 전략적 이유로 백제를 먼저 공격했겠지만, 딸 바보 아빠의 입장에서 생각해 보면 아마도 김춘추는 사랑하는 딸 고타소를 앗아간 백제를 먼저 치고 싶은 마음이지 않았을까 싶습니다. 각설하고, 그 전투가 바로 황산벌 전투이지요. 백제군과 나당 연합군의 세력 차이는 상당히 컸습니다. 백제가 매우 열세였죠. 백제의 장군 계백은 죽을 각오로 나당 연합군에 맞서 잘 버텼지만 계백의 노력만으로는 역사의 방향을 바꿀 수 없었습니다. 결국 백제의 마지막 수도 사비성이 함락되면서, 삼국 중 가장 먼저 전성기를 맞이했던 백제가 660년에 제일 먼저 멸망하고 맙니다.

한 줄 코드

⭐ 백제의 흥망성쇠에 한몫했던 왕들!

고	근	침	개	문	무	성	무	의
이왕	초고왕	류왕	로왕	주왕	령왕	왕	왕	자왕

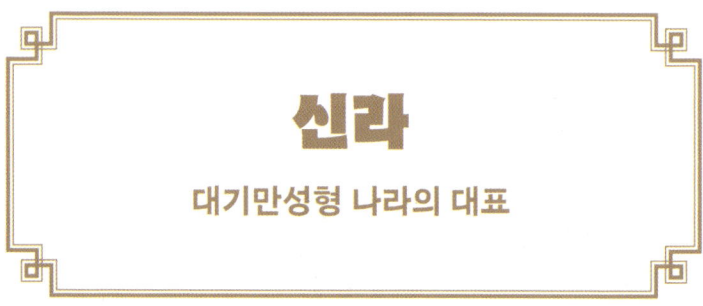

천년의 수도, 경주

 신라는 고구려, 백제와 확연히 구분되는 특징이 하나 있습니다. 바로 천도한 적이 없다는 것입니다. 고구려는 졸본에서 시작해 2대 왕 유리왕이 국내성으로, 장수왕이 평양성으로 천도했죠. 백제는 위례에서 시작해 개로왕이 죽고 문주왕이 웅진으로, 성왕이 사비로 수도를 옮겼습니다. 그런데 신라만은 수도가 단 한 곳이었습니다. 바로 지금의 경주인 금성이었지요.
 신라의 시작은 박혁거세가 건국한 사로국입니다. 이때는 아직 신라라는 국호를 쓰지 않았죠. 그리고 초기에는 박, 석, 김씨가 교대로 왕위를 계승했어요. 최고 통치자도 거서간, 차차웅, 이사금과 같은 이름으로 불렀지요. 그러다 16대 흘해 이사금이 죽고 내물이 권력을 차지하면서 대군장이라는 뜻을 가진 마립간이라는 칭호를 씁니다. 이 내물 마립간은 앞서 언급된 적이 있습니다. 바로 광개토 대왕에게 왜를 무찔러 달라고 요청했던 왕입니다. 이렇듯 삼국의 역사는 서로 긴밀하게 연결되어 있습니다. 그러니 역사의 흐름에 따라 주요 사건을 짚어 나가는 것이 중요합니다. 방금도 하나 체크했죠? 고구려 광개토 대왕과 신라 내물 마립간은 같은 시기의 왕이라는 것!

가장 늦게 전성기를 맞이하다: 지법진

신라에서 왕이라는 칭호는 언제부터 썼을까요? **지증왕** 때부터입니다. 이뿐만 아니라 지증왕은 국호를 신라로 정한 왕이기도 한데요, 다른 업적도 많습니다. 먼저 순장을 폐지합니다. 부여에서 다뤘던 것을 기억하시죠? 결코 순하지 않은 장례 풍습 순장. 왜 폐지했을까요? 군사력과 노동력을 보존하기 위해서이지요. 전쟁도 많고 농사 활동도 활발히 해야 했던 그 옛날에 한 사람 한 사람은 귀한 재산이었으니까요. 또 지증왕 때부터 소를 이용한 밭갈이인 우경을 시작했습니다. 농업 생산량이 늘어야 나라 살림이 탄탄해지기 때문이죠. 또 다른 경제 활성화 정책으로 동시라는 시장을 감독하는 기구인 동시전을 설치하기도 했고요. 정복 활동으로는 현재 울릉도와 독도에 해당하는 우산국을 복속시키기도 했습니다. 이때 활약한 장수가 바로 오랜 시간 지하에서 웃고 계시는 분, 이사부 장군입니다. 참고로 이사부 장군은 진흥왕이 대가야를 멸망시킬 때도 활약한답니다.

신라는 삼국 중에 가장 늦은 6세기에 전성기를 맞습니다. 지증왕 때 시동을 걸고, **법**흥왕을 거쳐 **진**흥왕 때 꽃을 피웁니다. 법흥왕은 불교를 공인했죠. 참고로 법흥왕의 '법'은 불법(佛法)의 '법'입니다. 불교를 흥하게 했다는 뜻으로요. 사실 고구려를 통해 이미 불교가 들어와 있었지만, 귀족들은 받아들이지 않았어요. 그러다 이차돈이라는 청년이 자신의 목숨을 내놓는 사건이 벌어집니다. 이 순교를 계기로 신라에서도 불교가 공식적인 종교로 받아들여지지요. 또 공교롭게도 법흥왕은 다른 뜻의 법인 율령을 반포한 왕이기도 합니다.

이차돈의 순교 장면을 돌에 새겨 그의 희생을 기린 이차돈 순교비

진흥왕은 백제 성왕과 협력해 고구려로부터 뺏은 한강 유

역을 독차지하며 신라 최고의 전성기를 맞습니다. 백제 입장에서는 배신자일 수 있지만 신라 입장에서는 명실공히 나라를 위해 최선을 다한 훌륭한 왕이라 할 수 있겠죠. 그렇게 한강을 독차지하면서 신라는 지금의 화성·평택 지역에 해당하는 당항성을 통해 중국과 직접 교역을 할 수 있게 되었습니다. 그리고 화랑도를 국가적인 조직으로 개편하고 거칠부를 시켜 『국사』라는 역사서를 편찬하기도 했죠. 전성기 왕들은 업적을 길이길이 자랑하고 싶어서 역사서를 쓴다고 말씀드렸죠?

사방팔방으로 영토를 확장한 진흥왕은 순수비를 세우기도 합니다. '순수(巡狩)'는 왕이 직접 돌아다니며 살피는 행위를 뜻합니다. 진흥왕 순수비는 여러 곳에 세워지는데, 그중 북한산비는 조선 시대에 와서야 김정희에 의해 이 비가 신라 진흥왕 때 세운 비석임이 입증된 것으로 유명합니다. 추사 김정희, 자기 글씨만 잘 쓴 분이 아니라 남의 글씨도 잘 해석하는 분이었어요.

삼국을 통일하게 되기까지: 선태문

신라는 독특한 신분제가 있던 나라입니다. 바로 골품(骨品)제입니다. 뼈에 품격이 있다, 혈통에 따라 신분이 정해진다는 것이지요. 제일 위가 성골, 그다음이 진골, 그리고 6두품과 그 이하로 신분이 나뉘어 있었지요. 골품제는 아무리 능력이 있어도 어느 지위 이상은 올라가지 못하게 한 매우 폐쇄적인 신분 제도였어요.

　신라는 성골 계급이 대대로 왕위를 이어 왔습니다. 그러다 어느 순간 왕위를 이을 마땅한 성골 남자가 없게 되는 시점이 와요. 하지만 폐쇄적인 골품제 영향 아래에 있던 신라는 반드시 성골 중에 왕을 세워야 했습니다. 그 결과 최초로 여왕이 즉위하는 일이 생깁니다. 최초의 여왕, 바로 **선**덕 여왕이죠. 선덕 여왕 때 첨성대, 분황사 모전석탑, 황룡사 9층 목탑 등 유명한 건축물들이 많이 축조됩니다. 선덕 여왕의 다음을 이었던 왕도 여왕이었어요. 진덕 여왕인데요, 이때 두 번이나 여왕이 즉위할

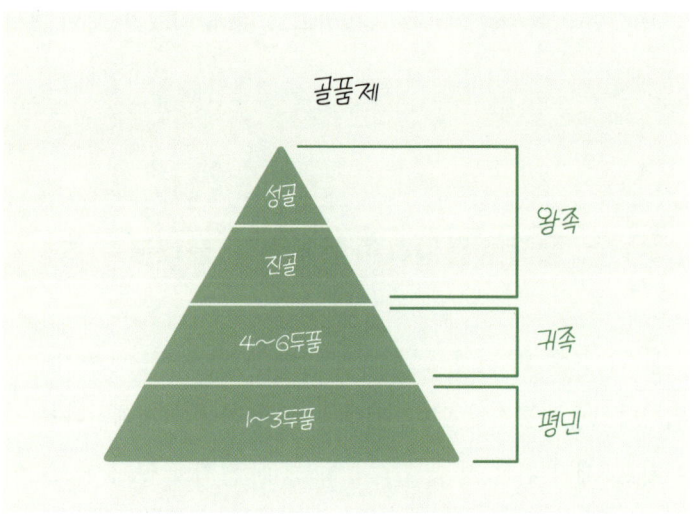

수는 없다는 이유로 비담, 염종이라는 자들이 난을 일으키기도 했어요. 비록 김유신 장군에 의해 진압되었지만요.

진덕 여왕도 후사 없이 세상을 떠나자 성골만 왕이 될 수 있었던 신라의 원칙이 깨지게 됩니다. 그래서 최초로 진골 출신 왕이 탄생하는데, 바로 **태종** 무열왕 김춘추입니다. 김춘추가 왕이 되기 전 활약상은 앞서서도 살폈어요. 백제 의자왕의 공격에 고구려로 찾아가 도움을 청하지만 실패하고, 나중에 당나라로 넘어가 나당 연합을 통해 백제를 멸망시키죠. 죽은 딸의 복수도 성공하고요.

삼국 통일의 완성이 머지않았습니다. 그러나 딸의 복수에 성공한 김춘추는 백제가 멸망한 다음 해인 661년에 사망합니다. 그리고 삼국 통일이라는 대업을 마무리한 사람은 태종 무열왕의 아들 문무왕입니다. 나당 연합군이 백제의 사비성 다음으로 고구려의 평양성을 함락하면서 주변 국가들은 모두 사라집니다. 그럼 이제 더 이상 무찌를 적이 없게 된 나당 연합군은 어떻게 되었을까요? 비록 동맹을 맺은 사이지만 둘은 엄연히 다른 나라이고, 자국의 이익을 위해서 동맹은 언제든 깨지기 마련이죠. 어제의 아군은 오늘의 적군이 됩니다. 신라와 당나라 간의 전쟁이 일어난 것이죠. 문무왕은 매소성, 기벌포 전투에서 크게 승리하면서 당나라를 물리쳐요. 그렇게 통일 신라의 시대가 시작됩니다.

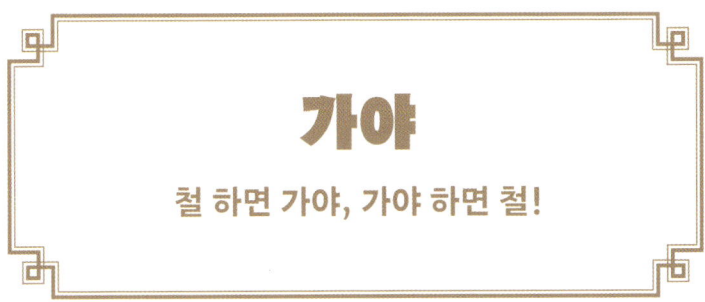

가야가 삼국에 끼지 못하는 이유

고구려, 백제, 신라와 함께 가야도 있었습니다. 가야는 500년 가량의 긴 역사가 있는 나라지만 삼국에는 포함되지 않죠. 삼국은 중앙 집권적인 고대 국가의 모습을 갖춘 것에 비해 가야는 연맹 왕국의 성격을 지니고 있기 때문입니다. 가야는 6개의 부족들이 모인 연맹 왕국으로, 중앙 집권적인 국가가 아니라 여섯 부족이 각각의 독립적인 체제를 갖춰 운영한 나라였습니다. 지방 자치의 원조라고 봐도 될 듯하지요. 그래도 6개 부족에서 리더 격인 곳이 하나 있어야 연맹이 잘 유지될 수 있었겠죠? 초기에는 금관가야가, 후기에는 대가야가 가야 연맹의 맹주 역할을 합니다.

철의 나라, 가야

가야의 자랑이라 하면 뭐니 뭐니 해도 철이 아닐까 싶습니다. 금관가야는 철이 풍부하게 생산되던 곳입니다. 그도 그럴 것이 철기 시대의 여러 나라를 살펴볼 때 다루었던 삼한의 변한과 같은 지역이거든요. 또 금관가야가 있던 김해의 대성동 고분과 대가야가 있던 고령의 지산동 고분은 지금까지도 잘 보존되어 유네스코 세계 문화유산으로 지정되었습니다. 비록 삼국에 비해 큰 주목을 받지는 못했지만, 앞으로 더욱 관심과 연구가 필요한 나라가 바로 가야가 아닐까 생각합니다.

가야의 최후

안타깝게도 가야는 흥할 때보다는 망할 때의 역사가 주목받는 곳입니다. 고구려, 백제, 신라의 역사에 공격하는 쪽보다는 공격받는 쪽으

철의 왕국 가야의 갑옷

로 등장하기 때문이죠. 광개토 대왕의 어마 무시한 영향력에 대해 이야기할 때 금관가야가 잠깐 등장했었죠? 왜를 쫓아 금관가야까지 온 고구려 군사가 각지를 초토화하는 바람에 결국 나라가 쇠퇴의 길에 들어서게 되었다는 사연 말이죠. 그러다 가야의 맹주가 대가야로 바뀌게 되었고요.

  가야의 마지막은 신라가 맺습니다. 금관가야는 532년 신라 법흥왕에 의해, 대가야는 562년 진흥왕에 의해 멸망합니다.

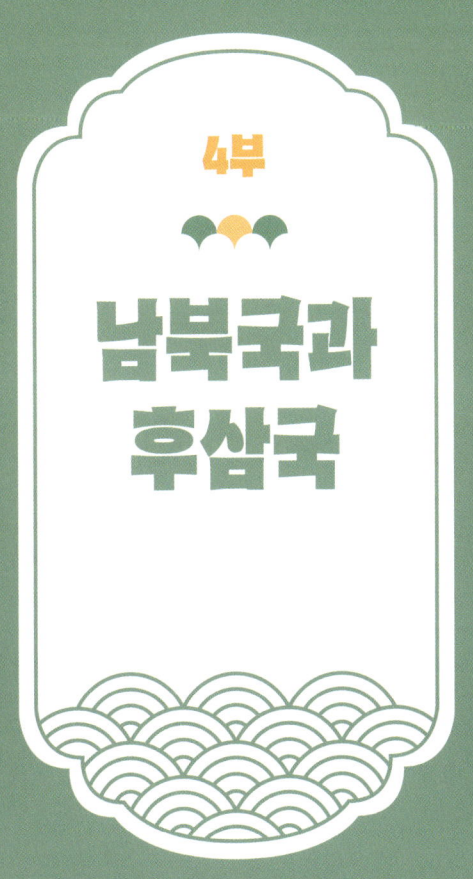

4부
남북국과 후삼국

'남북국'이라는 말은 조선 후기 실학자이자 규장각 검서관으로 등용되었던 유득공이 쓴 『발해고』에 처음 등장합니다. 남국은 삼국을 통일한 통일 신라, 북국은 대조영이 세운 새로운 나라 발해를 뜻하지요. 그러다 신라 하대에 접어들어 견훤의 후백제와 궁예의 후고구려가 건국되면서 후삼국 시대가 열립니다. 그리고 궁예를 몰아내 고려를 건국한 왕건이 신라와 후백제를 하나하나 정복하며 후삼국을 통일하죠. 이 격변의 시대를 함께 살펴보겠습니다.

통일의 완성은 정치적 통일

천년 왕국 신라의 긴 역사는 크게 세 시기로 나눕니다. 통일 이전의 신라를 상대, 통일 이후를 중대, 그리고 멸망 직전의 혼란했던 시기를 하대라고 칭하죠. 삼국 통일의 시작은 태종 무열왕 때부터입니다. 태종 무열왕이 나당 연합을 성사해 백제를 멸망시키고, 문무왕이 고구려를 멸하고 나당 전쟁에서도 승리하며 삼국 통일을 완성하였죠. 대업을 이룬 문무왕은 죽을 때도 신라를 걱정하며 자신을 동해에 수장시켜 달라고 유언해요. 동해의 용이 되어 신라를 수호하겠다는 의미로요.

통일의 과정에는 전쟁만 있는 것이 아닙니다. 정치적인 통일을 위해서도 힘써야 했겠죠? 그래서 태종 무열왕은 사정부라는 중앙 감찰 기관을 만들고 그의 아들 문무왕은 지방 감찰의 일환

경주 앞바다에 수중릉으로 조성된 문무 대왕릉

으로 외사정을 파견합니다. 또 지방 세력을 견제하고 그들과 협력 관계를 맺기 위한 제도도 실시하죠. 바로 인질 제도인 상수리 제도인데요, 도토리와 비슷하게 생긴 귀여운 모양의 나무 열매 상수리를 떠올리시면 안 됩니다. 상수리(上守吏)란 '위를 지키는 관리'라는 뜻으로, 지방 세력가들의 자제들을 경주로 불러 관리로 등용하는 제도입니다. 수도로 불러 일자리를 주는 것은 명목일 뿐 본래 의도는 자식들을 인질로 삼아 지방 세력이 반란이나 작당 모의를 하지 못하도록 압박하는 것이었어요.

통일 신라의 안정을 위해 평생을 바친 신문왕

문무왕의 다음을 이은 신문왕의 통치 기조는 단 하나, '왕권 강화'였습니다. 그동안 전쟁으로 인해 소홀했던 중앙 정치를 다시금 재정비하고, 영토가 넓어진 국가를 안정적으로 관리하고 유지하기 위해서는 반드시 왕권을 강화할 필요가 있었기 때문이었죠.

그의 첫 번째 업적으로 김흠돌이라는 자가 일으킨 반란의 진압이 있습니다. 놀랍게도 김흠돌은 신문왕의 장인어른이었어요. 가까운 인척 관계이기는 하지만 국가 안정이 최우선이었던 신문왕은 그런 사사로운 관계에 구애받지 않았습니다. 확실하진 않지만 김흠돌의 딸, 즉 왕비와 사이가 그리 좋지 않았기에 더 단호하게 처리할 수 있었던 건 아닐까요? 신문왕은 김흠돌의 난을 완벽하게 제압합니다.

또 은혜에 감사한다는 뜻을 가진 감은사(感恩寺)라는 절을 건

동서로 나란히 마주 보고 있는 감은사지 석탑

립해요. 과연 누구의 은혜일까요? 바로 신문왕의 아버지이자 삼국 통일의 대업을 완성한 선왕 문무왕의 은혜이지요. 여기서 왕들의 이름에 재미있는 규칙이 있음을 발견할 수 있어요. 신문왕의 아버지는 문무왕이고, 문무왕의 아버지는 무열왕이죠. 무열-문무-신문, 문무왕을 중심으로 선대는 무, 후대는 문, 신기하죠?

신문왕이 만파식적이라는 피리를 얻었다는 설화가 전해지기도 하는데요, 이 피리를 불기만 하면 세상이 평화로워지고 농사가 잘되어 나라가 융성해진다는 신비로운 이야기이죠. 정말 그런 영험한 피리가 있었는지 알 수 없지만, 이런 이야기가 있었다는 사실만으로도 신문왕이 얼마나 신라의 안정을 위해 힘썼는지 알 수 있습니다.

신문왕의 업적은 끝이 없습니다. 신문왕은 인재를 키우기 위한 교육에도 힘썼습니다. 국립 대학인 국학을 설치한 것도 신문왕의 주요 업적이랍니다. 또 군사 조직과 지방 행정 구역을 재정비하기도 해요. 중앙군은 9서당으로, 지방군은 10정으로 나눠 관리하고 지방 행정 구역은 9주 5소경으로 나눕니다.

이미 경주라는 수도가 있지만 다섯 개의 작은 수도, 5소경을 굳이 또 둔 이유는 무엇일까요? 그건 경주의 지리적 위치를 보면 알 수 있습니다. 영토가 좁았던 초기 신라 때는 한반도의 동남쪽 끝에 자리한 경주가 수도여도 나라를 다스리는 데에 문제가 없었지만, 영토가 넓어진 통일 신라 때는 위치상 아무래도 불편한 점이 있었겠죠. 그래서 작은 수도들을 전국 곳곳에 심어 둔 것입니다.

그러고 보니 9서당 10정, 9주 5소경, 신문왕은 9와 관련이 깊어 보이죠? 그러다 시험 삼아 Newspaper(신문)의 철자를 세어 봤더니 놀랍게도 아홉 자더라고요! 신문은 Newspaper, Newspaper의 철자는 아홉 자, 그러니까 신문왕은 9서당, 9주. 이렇게 연상해서 기억해 보세요.

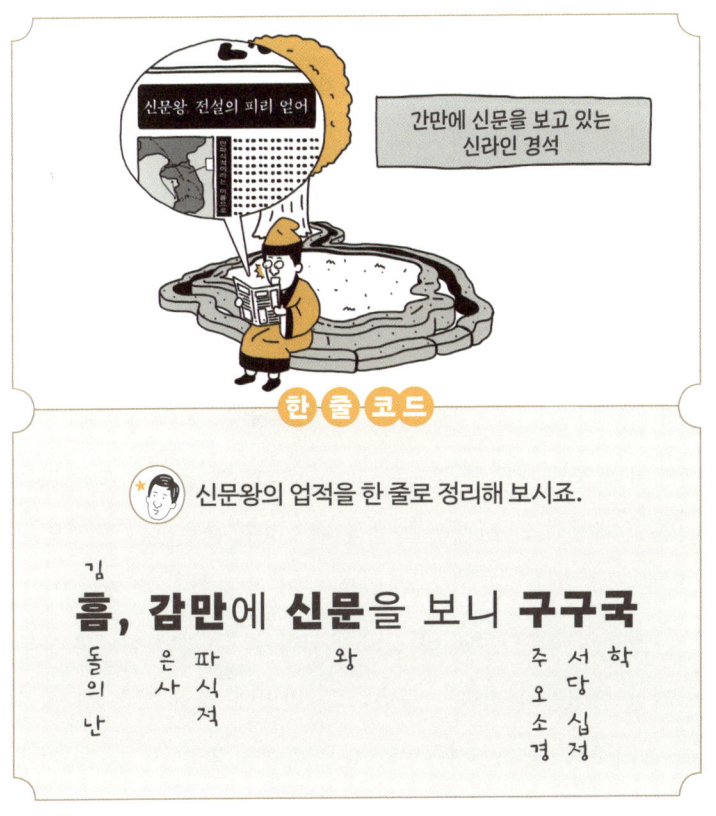

왕권 강화 = 귀족 권한 약화

어느 역사에서나 왕과 귀족은 라이벌 관계입니다. 한 하늘에 두 개의 태양이 있을 수 없듯이 왕의 힘이 세려면 귀족의 힘은 줄어들어야 했죠. 그래서 신문왕은 녹읍을 폐지하고 관료전을 지급합니다.

여기서 전(田)과 읍(邑)의 개념 차이를 알면 이해가 쉬워지겠죠? 전은 말 그대로 땅 자체만을, 읍은 고을 전체를 뜻합니다. 고을에는 땅만 있는 것이 아니고 사람도 있지요? 녹읍을 받던 신라 귀족들은 땅에서 나는 소출뿐만 아니라 그 땅에 사는 사람들의 힘, 다시 말해 노동력도 가질 수 있었습니다.

귀족들이 녹읍으로 얻은 사람들에게 '노동'만 시키면 다행이겠지만, 권력을 쥐고 싶은 귀족은 그들에게 군사 훈련을 시켜 사병처럼 부리기도 했습니다. 사병은 당연히 왕에게 매우 위협적인 존재였겠죠? 그래서 녹읍을 폐지하고 관료전을 준 것입니다. 땅에서 조세만을 거둘 수 있는 권리, 수조권을 준 것이지요.

신문왕은 이뿐만 아니라 신라의 귀족 회의, 화백 회의의 우두머리인 상대등의 권한도 줄입니다. 반면에 왕의 직속 행정 기구, 집사부의 수장인 시중의 권한은 강화시켰습니다. 쉽게 이해하기 위해 빗대어 보자면, 야당 총재의 권한은 약화시키고, 국무총리의 권한은 강화시킨 것이지요.

여기저기서 터지는 반란들

신라 하대에는 '혼란기'라는 말이 꼭 따라붙습니다. 점차 나라가 흔들리기 시작하죠. 그 출발은 진골 귀족 간의 왕위 쟁탈로 인해 혜공왕이 피살되었을 때부터였습니다. 사실 혜공왕 바로 전의 왕이었던 경덕왕 때부터 분위기가 심상치 않았습니다. 신문왕 때 폐지된 녹읍이 이때 다시 부활하거든요. 신문왕이 왕권을 강화시킬 목적으로 지급한 관료전은 폐지가 되었고요.

이후 신라에서는 많은 난들이 일어납니다. 먼저 웅천주(지금의 공주)의 도독이었던 김헌창이 난을 일으킵니다. 자신의 아버지 김주원이 왕이 되지 못하고 김경신(원성왕)이 왕이 된 것에 반발하여 난을 일으킨 것입니다. 또 해상왕으로 유명한 장보고도 난을 일으킵니다. 자신의 딸이 왕비가 되지 못한 것에 대한 반발로 말이죠.

나라가 혼란하면 직격탄으로 피해를 받는 건 백성들입니다. 고통을 견디다 못한 백성들이 결국 들고일어납니다. 특히 신라 51대 왕이자, 한국사에 등장하는 마지막 여왕인 진성 여왕 때 민란이 많이 일어납니다. 그 대표적인 예가 원종·애노의 난과 적고적의 난입니다. 적고적은 빨간 바지를 입은 무리라는 뜻인데요. 난이 일어났다는 사실만으로도 공포스러운데 그 무리 모두가 새빨간 바지를 입고 달려온다고 한번 상상해 보세요. 그야말로 '후덜덜'이죠.

나라를 걱정하며 개혁안을 올린 유학파 최치원

날이 갈수록 혼란만 가중되는 나라 꼴을 충신들이 가만히 보고만 있었겠습니까? 상황을 수습해 보고자 나선 사람들도 있습니다. 그 대표가 바로 최치원입니다. 여기서 잠깐 최치원에 대해 알아보자면, 그는 6두품 출신으로 당나라에서 외국인을 상대로 실시한 과거 시험인 빈공과에 합격한 인재였습니다. 요즘으로 따지면 북경 대학 유학파 정도가 되는 것이죠. 문장가로 유명했던 최치원은 당나라에서 종사관으로 일하던 때, 반란을 일으킨 황소라는 자를 비판하는 「토황소격문」이라는 글을 쓴 것으로도 유명합니다. 실제로 황소가 이 글을 읽다가 너무 놀라서 침상 아래로 굴러떨어질 정도로 명문이었다고 하죠.

그는 당나라 관리 생활을 접고 신라로 귀국한 후 진성 여왕에게 충언을 합니다. 나라를 다시 살리기 위한 개혁안인 시무 10조를 올리죠. 그러나 중앙 귀족들에 의해 이 개혁안은 좌절됩니다. 이를 계기로 최치원은 결국 관직을 내려놓게 됩니다. 아무리 똑똑하고 능력 있던 최치원이라도 혼자만의 노력으로는 이 혼란을 막기에 역부족이었던 거죠. 최치원의 시무 10조가 받아들여졌다면 1,000년 신라가 아닌, 1,500년, 2,000년 신라가 되었을 수도 있었겠습니다.

고구려를 계승한 나라

　남북국의 북국에 해당하는 발해에 대해 알아봅시다. 698년, 지금의 중국 길림성에 있는 동모산 기슭에서 대조영이 발해를 세웠습니다. 대조영은 고구려의 유민으로, 발해는 고구려의 정신과 문화를 계승하고자 했습니다. 그 흔적은 다양한 곳에서 찾아볼 수 있는데요, 대표적으로 발해는 일본에 보내는 국서에 발해의 왕을 '고려의 왕'이라고 칭했습니다. 여기서 고려는 고구려를 가리켜요. 이뿐만 아니라 발해의 유적들에서도 고구려의 전통을 계승한 흔적을 다양하게 찾아볼 수 있습니다. 고구려의 주거 시설에서 발견된 온돌이 발해의 건물 터에서도 비슷하게 발견되었어요. 발해의 불교 유물인 이불 병좌상도 광배와 연꽃의 표현이 고구려 불상 조각의 전통을 계승한 것으로 평가받고 있죠. 그 밖에도 발해 정혜 공주 묘의 천장이 고구려의 무덤 양식인 모줄임천장이라는 점도 발해가 고구려의 정신과 문화를 따르고 있었음을 알 수 있는 증거입니다.

발해의 대표 왕 3인방

발해 무왕은 이름처럼 엄청 싸웁니다. 장수 장문휴를 시켜서 당나라 산둥 반도의 등주를 공격하고, 동생 대문예를 시켜 흑수 말갈을 공격하기도 했죠. 반면 문왕은 중앙 관리 체계 정비를 많이 했어요. 3성 6부의 중앙 정부 체제를 확립한 왕이 바로 문왕입니다. 3성은 정당성, 중대성, 선조성이라는 이름으로 6부는 충부, 인부, 의부, 지부, 예부, 신부라는 이름으로 정비했지요. 이는 당의 3성 6부제를 기본 골격으로 따 왔지만, 발해만의 독자적인 명칭으로 재편한 것입니다.

3인방 중 마지막인 선왕은 한국 역사상 가장 넓은 영토를 차지했던 시기의 왕입니다. 이때 땅이 얼마나 넓었던지 지방 행정 구역을 5경 15부 62주로 나누었어요. 엄청나지요? 이때 당나라가 발해를 바다 동쪽에 번성한 나라라는 뜻으로 '해동성국'이라 불렀다는 기록도 남아 있습니다. 우리 역사상 가장 넓은 영토를 차지했던 시기라 하면 흔히 고구려의 광개토 대왕 때를 떠올리게 되는데요, 사실은 발해 선왕 때가 더 넓었답니다.

발해의 중앙 기구를 몇 개 더 살펴보면, 감찰 기구인 중정대, 교육 기관인 주자감, 서적 관리를 하던 문적원이 있습니다. 또 발해의 솔빈부라는 지역에서는 말이 그렇게 유명한 특산물이었다고 해요. 발해는 융성한 나라였던 만큼 주변 여러 나라와도 활발하게 교류하는 교통로가 있었습니다. 당과 교역하는 길인 영주도와 더불어 거란과 교역하는 거란도, 남국 신라와 교역하는 신라도, 바다 건너 멀리 일본과 교역하는 일본도까지 있었다고 하죠.

두 부처가 나란히 앉아 있다는 뜻의 이불 병좌상

지방 세력가, 호족의 눈부신 성장

 신라 하대 혼란한 정국을 틈타 지방의 세력가들이 스멀스멀 힘을 키우기 시작합니다. 이들은 고려 전기의 지배 세력이 되죠. 바로 호족(豪族)입니다. 호(豪)는 원래 중국 남부 지방에 사는 동물을 가리키는 글자라고 해요. 따라서 호족은 '지방에 있는' '친족' 집단을 가리킨다고 기억하시면 좋습니다.

 호족들의 사상적인 밑바탕은 불교의 선종이었는데요, 불교 경전과 교리를 중시한 교종과 달리 선종은 참선의 수행을 통해 깨달음을 얻는 것이 중요했습니다. 호족은 선종에 지원을 아끼지 않으며 자신들의 정치적 기반을 다졌습니다. 이때 9산 선문이라 불리는 선종의 9개 종파도 크게 발전하지요. 또 다른 사상적 밑바탕으로, 풍수지리설도 유행합니다. 산수의 위치와 조화에 따라 길흉이 정해진다는 이 풍수지리가 왜 호족들 사이에서 인기를 얻었을까요? 오랜 세월 신라의 중심은 경주였겠지요. 그러니 지방에서 세력을 키워 나가던 호족들은 자신들이 있는 그 지역을 명당으로 설정함으로써 권력의 정당성을 얻고자 한 것이랍니다.

견훤의 후백제와 궁예의 후고구려

결국 호족들 중 힘 있고 주변의 칭송을 받는 사람 둘이 새로운 나라를 건국합니다. 먼저 900년에 견훤이 후백제를 세우죠. 수도는 완산주(지금의 전주)였습니다. 후백제는 후당, 오월과 같은 주변 국가에 사신을 파견했다는 기록이 있는데요, 이는 후백제가 주변국과 교류하며 하나의 독자적인 국가로 인정받고 활동했음을 의미하죠.

901년에는 궁예가 후고구려를 세웁니다. 양길이라는 장수의 부하였던 궁예는 송악(지금의 개성)에 후고구려를 건국하고, 나중에 국호를 마진으로 바꿉니다. 그러다 수도를 지금의 철원으로 천도했고, 국호를 또 한 번 태봉으로 바꿉니다. 짧은 시간에 참 여러 가지를 바꾸죠?

변덕이 좀 심한 편인가 싶은데, 궁예는 사실 성격에 치명적인 결함이 있었어요. 특히 집권 후반기에 궁예는 이상하게 변합니다. 자신이 부처인 미륵불이라면서 충신들을 모함하고 폭정을 일삼습니다. 드라마 「태조 왕건」에서 궁예 역할을 했던 김영철 배우의 유명한 대사, "누가 기침 소리를 내었는가?"를 생각하시면 이해에 도움이 될 것 같아요. 결국 참다못한 신하들이 궁예의 부하였던 왕건에게 왕이 되어 줄 것을 요청합니다. 처음에는 이를 고사하던 왕건도 고심 끝에 궁예를 몰아내고 왕위에 오릅니다. 918년 후고구려는 국호를 고려로 바꾸고, 수도도 송악으로 다시 옮기게 되죠. 이것이 고려의 출발이었습니다.

드라마 같은 고려의 통일 스토리

후백제, 고려, 신라 이 세 나라의 공존은 그리 오래가지 않았습니다. 최후의 한 나라가 남기 위한 세 나라의 서바이벌 전쟁이 계속되죠. 그 시작이 공산 전투였습니다. 이 전투가 있기 전의 상황을 먼저 알아볼까요? 927년에 후백제의 견훤이 신라를 공격하는데, 이때 당시 신라의 왕이었던 경애왕이 고려의 왕건에게 도움을 요청하죠. 신라는 외세의 침략 때 이웃 나라에 도움을 청하는 게 특기인 것 같아요. 기억나시죠? 신라 내물 마립간 때 왜가 침략하자 고구려의 광개토 대왕에게 원군을 요청했던 기원후 400년의 일이요.

왕건보다 한발 빨랐던 견훤은 얼른 경주로 들어가 경애왕을 자결시키고 경순왕을 새 왕으로 올립니다. 그리고 다시 후백제로 돌아가던 견훤이 뒤늦게 온 왕건과 공산에서 만납니다. 공산은 지금의 대구예요. 결과는 어떻게 되었을까요? 왕건이 대패를 당합니다. 이 전투에서 왕건은 거의 죽을 뻔했지만, 한 충신의 희생 덕에 가까스로 목숨을 구할 수 있었습니다. 나중에 왕건은 자신을 대신해 전사한 신하에게 고마운 마음을 담아 숭고하고 겸손한 신하라는 뜻의 '신숭겸'이라는 이름을 새로 지어 주었다고 합니다.

그 후 왕건은 와신상담하며 복수의 칼을 갈다가, 고창(지금의 안동)에서 후백제와 다시 큰 전투를 벌입니다. 고창 전투에선 왕건이 대승을 거둡니다. 혼쭐이 나고 후백제로 돌아온 견훤은 또 다른 시련을 맞이하게 되지요. 견훤이 넷째 아들인 금강을 특별히 아끼며 후계자로 삼으려고 하자, 장남인 신검이 반발한 것입니다. 결국 견훤은 아들 신검에 의해 금산사에 갇히고 신검이 왕위에 오릅니다.

가까스로 금산사를 탈출한 견훤은 어디로 갔을까요? 자신을 유폐시킨 신검의 후백제로 다시 갈 수는 없었겠죠. 그는 발길을 돌려 왕건에게 투항합니다. 왕건은 견훤을 어떻게 했을까요? 넓은 포용력으로 그를 받아 줍니다. 그리고 곧 신라의 경순왕도 고려에 항복해요. 이때도 왕건은 경순왕을 경주를 관리하는 사심관으로 임명하는 아량을 베풉니다. 왕건의 배포는 정말 '왕'입니다요.

이제 후삼국 중 남은 건 신검의 후백제뿐이지요. 고려와 후백제의 마지막 싸움이 일리천 전투입니다. 이 전투에는 신검의 아버지 견훤도 고려군으로 참여합니다. 왕건과 견훤이 함께했으니 결과는 안 봐도 뻔하죠? 왕건이 승리하고 936년 최종적으로 후삼국이 하나의 나라 고려로 통일됩니다.

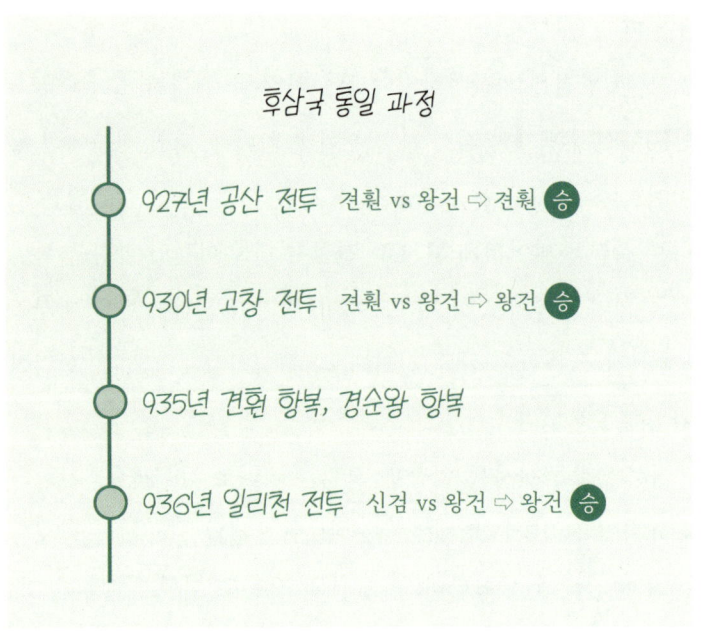

5부
고려

고려는 많은 분들이 어려워하는 시대입니다. 왜 그런지 저도 곰곰이 생각해 보았어요. 앞선 시대들은 역사 공부할 때마다 초반에 여러 번 보다 보니 익숙하고, 또 조선 시대는 워낙 드라마며 영화며 콘텐츠로 자주 접해서 친근하죠. 그래서 상대적으로 중간에 낀 고려는 생소한 게 아닐까 싶습니다. 가까이하고 싶지만 어색한 고려의 역사, 제가 이번 기회에 제대로 짚어 드리겠습니다. 따라오시죠!

고려 전기
고려 왕조 500년의 출발

격동의 고려사를 구분 짓는 기준

고려의 역사는 크게 전기와 후기로 나눌 수 있습니다. 이를 가르는 기준이 된 사건은 1170년에 일어난 무신 정변이죠. 또한 집권 세력과 나라 안팎의 상황에 따라 조금 더 세세하게 짚어 보면 다섯 시기로 나눌 수도 있습니다. 신라 말기 성장한 호족에 의해 고려의 기반을 다지던 전기, 호족과 6두품, 개국 공신들이 대대손손 정권을 이어 가면서 문벌 귀족이 되고, 그들이 정권을 지배한 중기가 있습니다. 또 앞서 언급한 무신 정변 이후의 무신 집권기, 원나라의 내정 간섭을 받으며 권문세족이 정치를 주도했던 원 간섭기, 마지막으로 성리학을 기반으로 새롭게 성장한 신진 사대부가 등장하는 고려 말기가 되겠습니다.

그럼 고려 전기부터 어떤 일들이 있었는지 살펴볼까요?

너그러운 듯 치밀한 왕, 태조 왕건

통일한 나라를 제대로 통치하기 위해서는 중앙뿐만 아니라 지방을 잘 다스리는 것도 중요했을 겁니다. 게다가 지방에는 세력가인 호족들이 있으니 이들을 견제하면서도 포용하는 정치를 펴야 했죠.

왕건은 먼저 포용 정책으로 결혼 정책과 사성 정책을 실시합니다. 태조 왕건은 많은 부인을 거느리고 있었어요. 무려 29명, 하루에 한 사람씩 만난다 해도 한 달이 그냥 지나가고, 2월 같은 때는 하루 모자라서 마지막 28일에는 두 명을 같이 만나야할 정도이니 어마어마한 숫자지요. 왕건이 단순히 여성을 좋아해서 부인이 많았던 게 아니라, 지방 호족들의 딸과 결혼을 통해 일종의 동맹 관계를 유지하고자 한 것이었습니다. 사성 정책도 비슷합니다. 유력자들에게 왕씨 성을 하사함으로써 서로가 같은 배를 탄 사이임을 공고히 한 것이죠.

또 왕건은 각 지방에 그 지역 출신의 중앙 관리를 두는 사심관 제도를 실시했습니다. 잠깐 후삼국 통일 과정을 복기해 볼까요? 935년 신라 경순왕이 왕건에게 항복하면서 신라는 그 운명을 다했습니다. 이때 왕건은 경순왕(김부)을 신라의 수도였던 경주의 사심관으로 임명합니다. 최초의 사심관이었던 것인데요, 김부만큼 경주를 잘 아는 사람도 없으니 그에게 경주의 관리를 맡기면서 대신 책임감도 부여하는 일석이조의 효과를 꾀한 거죠.

또한 왕건은 지방 호족의 자제를 수도 개경의 관리로 임명하는 기인 제도도 시행합니다. 젊은 인재들에게 넓은 세상을 맛보여 주고 중앙 정계의 일자리도 주면서, 지방의 호족들이 다른 꿍꿍이를 꾸미지 못하게 하기 위한 일종의 인질 제도였죠. 이와 비슷한 제도, 어디서 들었던 것 같지 않나요? 신라가 삼국 통일 후 시행한 상수리 제도와 비슷하지요. 태조 왕건은 너그러운 듯 치밀하고, 화끈하면서도 섬세한 지도자였습니다.

물론 백성을 위한 정책도 펼칩니다. 먼저 빈민 구휼을 위해 흑창을 설치합니다. 비슷한 제도가 고구려 때도 있었지요? 고구려의 진대법이 그것이지요. 춘대 추납의 방식으로 굶주리고 가난한 백성들을 구제하기 위해 애썼습니다. 또, 세금을 줄입니다! 백성 입장에서는 엄청난 희소식이 아닐 수 없지요? 기존에는 경작한 쌀의 30퍼센트 정도를 세금으로 거두었다면 이때부터 딱 10퍼센트만 거둘 수 있도록 했습니다. 소위 십일조라는 것이지요.

신하들을 위해서는 어떤 일들을 했을까요? 통일이라는 대업을 이루고 났으니 자신을 열심히 도운 고마운 신하들에게 감사의 마음을 표해야 했겠죠? 그래서 개국 공신들에게 역분전이라는 토지를 지급합니다. '역할에 따라 나누어 준 땅'이라는 뜻의 역분전(役分田)은 공신들의 공로와 인품에 따라 등급을 정해 지급했습니다. 이와 함께 왕건은 『정계』와 『계백료서』라는 책을 지어 신하들에게 충신이 되어 나라를 발전시키라는 당부를 전하고, 후대의 왕들이 정책을 결정할 때 참고할 수 있도록 훈요십조라는 유훈을 남깁니다.

한 줄 코드

왕건의 업적은 이렇게 정리합시다!

왕건의 **흑역사**는 **사기 결훈**이다

창전 분제도 성제도 심관제도 인제도 혼정책 요십조

○ 만부교 낙타 사건

왕건의 외교 방향은 단 두 글자로 말할 수 있습니다. 북진! 그래서 수도 개경 못지않게 그보다 북쪽에 있는 평양도 중요하게 여기며 관리했어요. 또 발해를 멸망에 이르게 한 거란을 오랫동안 오랑캐로 여기고 적대시했는데요, 만부교 낙타 사건이 그 대표적인 예입니다. 거란은 고려와 친선하고자 사신을 보내며 그 편에 선물로 낙타를 주었습니다. 그런데 거란을 경계한 왕건은 사신을 먼 섬으로 유배 보내고, 낙타는 만부교라는 다리에 묶어 굶겨 죽였습니다.

강력한 왕권의 상징, 광종

광종은 신라 중대 신문왕만큼이나 왕권 강화를 위해 무지막지하게 애쓴 왕입니다. 어떤 노력들을 했는지 살펴보지요. 먼저 쌍기라는 중국에서 망명한 신하의 건의에 의해 과거제를 실시했습니다. 왕과 더불어 필드에서 노력한 신하들을 제가 참 중요하게 생각한다는 거 이제 아시지요? 고국천왕의 진대법에 을파소가 있듯이 광종의 과거제는 쌍기의 건의로 시작되었답니다.

광종 때의 과거제 실시는 왕권이 강화되었음을 보여 주는 정말로 중요한 사건입니다. 꼭 기억해 두셔야만 해요. 과거제가 왕권 강화와 무슨 상관이냐고 반문하는 분도 계실 겁니다. 그전까지는 귀족끼리 대대손손 요직을 차지해 왔죠. 그런데 과거를 실시한다는 건 엄격한 시험을 통과해야만 관직에 오를 수 있다는 뜻입니다. 게다가 시험의 최종 합격자를 다름 아닌 왕이 선발해요. 그래서 과거제가 강력한 왕권의 상징일 수밖에 없는 제도라는 것입니다.

다음 왕권 강화책으로 노비안검법이 있습니다. 노비와 왕권은 또 무슨 상관인지 궁금하실 거예요. 당시 노비는 귀족들의 사유 재산이었습니다. 마음대로 사고, 팔고, 물려줄 수도 있었습니다. 이들을 군사 훈련시킨다면, 귀족들의 사병이 될 수도 있었죠. 또 노비가 많아지면 국가 재정에도 좋지 않습니다. 노비는 세금을 내지 않기 때문이죠. 이런 여러 이유로 광종은 노비들을 하나하나 다시 조사해 불법적으로 노비가 된 이들을 다시 양민으로 되돌려 주는 노비안검법을 실시한 것입니다. 그러면 귀족들의 세력은 약화되고 나라의 곳간은 더욱 채울 수 있으니까요.

광종은 또 관리들의 유니폼이라 할 수 있는 공복을 제정합니다. 관등에 따라서 옷을 갖추어 입도록 한 것인데요, 원래 관리들은 출신 지역이나 가문의 전통에 따라 옷을 입었습니다. 광종은 이들의 관복을 정함으로써 왕을 정점으로 하는 기강을 세우고자 했죠. 한마디로 서열 정리를 한 것입니다.

광종은 왕권 강화에 방해가 되는 세력들을 가차 없이 숙청한 왕으로 유명한데요, 반면에 백성들을 보살피는 데에도 공을 들였습니다. 빈민과 환자 구제를 위한 기금인 제위보를 설치한 것이 광종의 민생 정책이었습니다. 후에 나올 조선 시대 '숙청의 아이콘' 태종 이방원도 신문고를 설치한 것처럼, 피바람을 일으킨 왕들에게도 백성을 향한 사랑은 가슴 한편에 자리 잡고 있었나 봅니다.

고려의 체제 정비에 힘쓴 성종

왕의 이름은 그 왕이 죽고 나서 짓습니다. 그러니 이름만 봐도 그 왕의 행적이 어떠했는지 힌트를 얻을 수 있는 거죠. 어떤 왕이든 이름에 성(成)이 들어갔다는 것은 엄청난 무언가를 이뤄 냈다는 뜻입니다. 고려의 성종(成宗)이 그랬습니다. 곧 만나게 될 조선의 성종(成宗)도 한 업적 한 분이시고요. 대개는 국가 시스템을 정비한 왕의 이름에 이 글자가 붙지요.

성종은 고려의 행정 체계를 확립한 왕입니다. 먼저 중앙 정부를 2성 6부제로 정리하죠. 2성으로 중서문하성과 상서성을 두고 상서성 밑에 이·호·예·병·형·공 6부의 실무 기관을 두어요. 이 6부의 이름은 나중에 나올 조선의 6조와 똑같습니다. 참고로 발해의 6부는 충·인·의·지·예·신이었던 거 기억나시죠? 또 성종은 12목에 지방관을 파견하고 향리제를 정비해 지방 행정에도 신경을 씁니다. 지방의 유력한 인사들에게 관리를 맡기는 향리제는 중앙 권력이 닿지 않는 곳까지 다스리기 위한 방법이었죠.

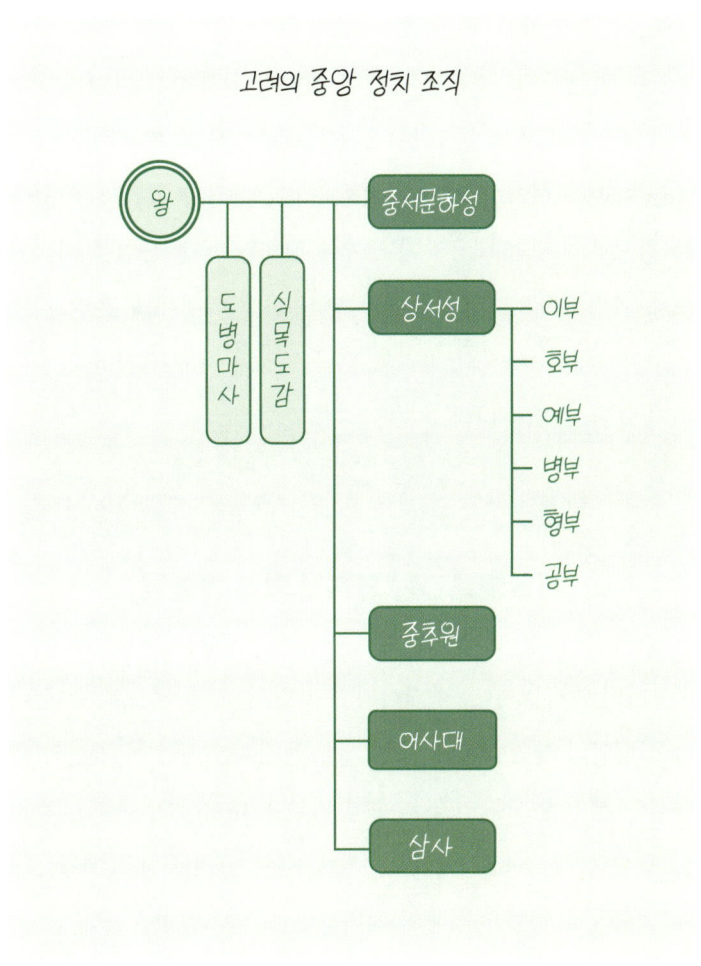

고려의 중앙 정치 조직

성종은 국립 대학인 국자감을 세운 왕이기도 합니다. 또 태조 왕건이 시행한 흑창을 의창으로 재정비해 가난한 백성들을 보살피고, 물가 조절 기구로 상평창을 설치해 경제적인 안정도 도모했죠. 최초의 철전인 건원중보를 만들기도 합니다. 성종(成宗), 참 많이 성(成)하신 분 맞죠?

이런 일잘알 왕 곁에는 유능한 신하가 함께하기 마련입니다. 그 이름은 바로 최승로이지요. 최승로는 시무 28조라는 상서문을 올려 고려가 당면한 과제들을 해결하고자 했습니다. 성종은 최승로의 개혁 내용들에 크게 공감하며 국정 운영에 적극적으로 반영했지요. 신라 말 최치원이 진성 여왕에게 올린 시무 10조가 좌절된 역사와 비교해 보면 경청의 자세가 얼마나 중요한지 느낄 수 있습니다.

거란으로부터 고려를 지킨 영웅들

고려의 역사는 전쟁의 역사라고 말할 수 있을 정도로 주변 나라의 침입이 잦았습니다. 당시 새로운 강자로 등장한 거란의 위협적인 성장에 3대 임금 정종이 거란을 대비하는 특수군 광군을 창설하기도 하죠. 거란은 3차에 걸쳐 고려에 쳐들어왔는데요, 그중 1차 침입은 성종이 재위하던 시기에 있었습니다.

여기서 바로 저의 조상이자 외교의 귀재, 서씨 가문의 서희 선생께서 등판하십니다. 사실 거란은 고려가 국경을 맞대고 있는 거란이 아닌 바다 건너 송나라를 섬기고 있는 것에 불만을 품고 있었습니다. 이를 눈치챈 서희는 아주 똑똑하게 대응을 합니다. 거란과 고려의 사이에 있는 고려의 땅인 압록강 일대를, 관리가 소홀해진 틈을 타 여진족들이 차지하고 있어 거란과 교류하지 못한 것이라고 말한 거죠. 그리고 만일 거란이 이 일대의 여진을 몰아낸다면 거란과 교류하겠다고 역으로 제안했어요.

서희의 당당하고 일리 있는 제안에 설득된 거란은 압록강 동쪽의 땅을 고려에게 허락합니다. 서희의 활약으로 고려는 결국 피 한 방울 흘리지 않고 외교 담판만으로 외침을 해소하고 압록강 일대의 강동 6주를 획득하는 쾌거를 이룹니다. 제 조상이어서 하는 말이 아니라 정말이지 최고의 외교관, 요즘 같으면 노벨 평화상감이죠?

거란의 2차 침입은 현종 때 일어납니다. 그 원인은 강조가 목종을 폐위하고 현종을 즉위시킨 강조의 정변 때문이었습니다. 거란은 자신들의 허락 없이 왕을 갈아 치운 강조에게 죄를 묻겠다는 구실로 고려를 침공합니다. 이 일로 고려 국왕인 현종은 나주까지 피난을 가기도 합니다. 결국 현종이 거란 왕을 만나겠다는 약속을 한 끝에 거란군은 철수합니다. 2차 침입 때 활약한 영웅이 있는데, 바로 양규 장군입니다. 그는 흥화진 전투에서 거란의 대군을 무찌르는 공적을 세웠죠.

그 후 현종은 거란 왕을 만나러 가겠다는 약속을 지켰을까요? 아니었습니다. 거란은 3차 침입을 강행하죠. 거란의 소배압이 10만 대군을 이끌고 침공합니다. 하지만 또 다른 영웅 강감찬 장군이 귀주에서 전투를 벌여 거란군을 궤멸시킵니다. 여러분 낙성대(落星垈)를 아시나요? 서울 지리를 잘 모르는 분은 낙성 University로 알기도 하는 곳. 이곳은 대학교가 아니라 강감찬 장군이 태어날 때, 하늘에서 별이 떨어진 곳이라 해서 이름 붙여진 곳이랍니다. 저도 사실 낙성 University로 알았다가 대학교 1학년 때 이곳에 있던 기숙사에서 생활하면서 유래를 알게 되었죠.

전쟁 후 고려는 외적의 침입에 대비하기 위해 다양한 노력들을 합니다. 국경에는 천리장성을, 수도 개경 지역에는 나성을 축조하죠. 물리적인 대비뿐만 아니라 정신적인 대비도 해요. 고려인들의 신앙인 불심으로 나라를 지키기 위해 불경을 집대성한 경전인 대장경을 만듭니다. 이때 만든 것이 처음 만들었다 하여 초조대장경이고요, 이게 몽골의 침입 때 불에 타서 나중에 한 번 더 만듭니다. 그것이 바로 다시 만들었다 해서 재조대장경, 우리가 잘 알고 있는 팔만대장경이지요.

한 줄 코드

고려-거란 전쟁에서는 「소양강 처녀」 대신 서양강 장군을 기억하세요!

서 양 강
희 규 강
　 　 찬

조정을 쥐락펴락한 문벌 귀족

고려 전기부터 쭉 중앙 관직에 오른 호족, 6두품 출신 유학자, 개국 공신들은 대대손손 상류층으로 살아가며 고려 중기 문벌 귀족이라는 권력 집단이 됩니다. 이렇게 소수의 집안들이 대를 이어 기득권을 누릴 수 있었던 것은 바로 음서제와 공음전 때문입니다. 문벌 귀족들은 음서제를 통해 요직을 계속 아들에게 물려줍니다. 물론 광종 때부터는 실력이 있어야 관리가 되는 과거제가 시행되었지만, 음서제도 공존하고 있었기 때문에 특정 집안 세력이 계속해서 권력을 장악할 수 있었던 것이죠. 공음전은 그런 문벌 귀족들의 경제적 바탕이었습니다. 이 또한 세습이 가능한 땅이었기 때문에 아버지의 경제권을 아들이 계속 이어받을 수 있었던 것입니다.

문벌 귀족들은 어떻게든 자신들의 높은 지위를 지키고 후대에 물려주기 위해 근친끼리 결혼하는 것도 마다하지 않았습니다. 대표적인 인물로 이자겸이 있지요. 이자겸은 왕의 외척으로 권세가 높았는데, 인종의 외할아버지인 동시에 장인이었습니다. 자신의 딸들을 2대에 걸쳐 시집보낸 것이죠. 즉 인종은 어머니의 동생인 이모와 결혼한 겁니다. 굳이 말을 만들어 보자면, 이자겸은 인종의 '외할아장인어른'이었던 거예요.

또 다른 문벌 귀족으로는 『삼국사기』를 편찬한 김부식, 당시 최고의 유학자로 해동공자(동쪽의 공자)라는 별명까지 있던 최충, 여진을 정벌하고 동북 9성을 쌓은 윤관 등이 있습니다.

거란 가고 여진 오다

거란에 이어 여진이 신흥 강자로 떠오르자 고려 숙종 때 윤관의 건의에 의해 별무반이라는 군대가 창설됩니다. 이름만 보아도 특별한 임무를 수행하는 군사들 같지요? 실제로 이들은 특별한 군대였는데, 말을 타는 병사인 기병을 양성했기 때문입니다. 당시 틈만 나면 여진이 고려의 국경에 들어와 크고 작은 다툼을 일으켰는데요, 그때마다 고려 군사들이 아무리 최선을 다해 싸워도 여진 기병의 어마어마한 기동력을 당해 낼 수 없었죠. 그래서 기병 부대인 신기군, 보병 부대인 신보군, 승병 부대인 항마(降魔, 마귀를 항복시키다)군으로 구성된 특수군 별무반을 조직합니다.

그리고 숙종 다음인 예종 때, 윤관이 이끄는 별무반이 드디어 여진을 정벌하러 가요. 그래서 소기의 목적도 달성합니다. 동북쪽에 있던 여진족을 몰아내고 거기에 9개의 성을 쌓은 것이지요. 그 유명한 동북 9성의 축조입니다. 그런데 1년 만에 이 땅을 다시 여진에게 돌려줍니다. 지역이 워낙 넓고 깊어 관리와 방어가 어려운 지역이었고, 여진도 지속적으로 반환을 요구했거든요.

이후 여진은 세력을 차츰차츰 키워 나가더니 금을 건국하고 나중에는 거란도 멸망시킵니다. 그리고 금은 고려에 군신 관계를 맺자며 사대를 요구하기도 하죠. 고려 조정은 이에 어떻게 응했을까요? 그냥 수락합니다. 자신의 힘을 지키는 게 제일 중요한 기득권 세력인 문벌 귀족들로서는 나라가 시끄러워지는 것이 싫었으니까요. 대항하지 않았던 것이죠. 그런 문벌 귀족의 대표가 인종의 '외할아장인어른' 이자겸이었습니다.

숙종과 의천은 무슨 사이?

고려는 어떤 화폐를 사용했을까요? 최초의 철전은 성종 때 만든 건원중보였지만 널리 쓰이지는 않았습니다. 이후 본격적으로 화폐를 생산하기 시작한 왕은 숙종입니다. 참고로 나중에 조선 숙종도 화폐를 주조합니다. 그러니 돈과 관련된 것은 고려든 조선이든 숙종이라고 기억하면 편하실 거예요. 숙종은 승려인 의천의 건의에 따라 주전도감이라는 기구를 설치해 활구, 해동통보, 삼한통보를 만듭니다. 물론 널리 유통되지는 않습니다. 당시에는 백성 대부분이 농민들이었기 때문에 일반적인 거래에는 여전히 곡식이나 옷감이 사용되었습니다. 여기서 한 가지 주목할 점, 숙종과 의천은 모두 문종의 아들이었습니다. 즉 둘은 형제 관계였다는 거죠. 사이좋게 형은 국왕, 아우는 천태종의 창시자가 된 것입니다.

이자겸의 난과 묘청의 서경 천도 운동

문벌 귀족 이자겸의 권세는 날이 갈수록 하늘을 찌릅니다. 그런 이자겸이 인종에게는 자신을 간섭하고 위협하는 눈엣가시였겠죠. 그래서 은밀하게 이자겸을 제거하려는 계획을 세웁니다. 이를 눈치챈 이자겸은 무신 척준경과 함께 반란을 일으켜요. 그 유명한 이자겸의 난이 일어난 겁니다. 하지만 난은 실패로 끝납니다. 인종이 이자겸의 파트너인 척준경을 설득해 이자겸을 잡도록 하거든요. 이후 척준경도 결국은 제거를 당하지만요.

이 일로 고려 조정은 크게 흔들리고 흉흉한 고려 사회에 이런 저런 새로운 주장들이 나오기 시작하죠. 그중 지금의 평양인 서경 출신의 승려 묘청과 문신 정지상 등이 아주 진취적인 의견을 왕에게 제안합니다. 고려를 황제국으로 칭하고 독자적인 연호를 사용하며, 사대하던 금국을 정벌하자는 것이었죠. 칭제 건원! 금국 정벌! 그리고 지금의 수도 개경은 이제 운을 다했고 서경이 길지이니 그리로 천도해야 한다는 주장이었어요. 하지만 개경에 터를 잡아 대대손손 권력을 휘두르고 있던 집권 세력들이 이를 두고 봤을 리 없죠? 극심한 반대에 부딪히자 묘청과 정지상 등의 서경파는 반란을 일으킵니다. 하지만 개경과 김부식이 이끄는 관군에 의해 진압됩니다.

구한말의 역사학자인 단재 신채호는 자신의 저서 『조선사 연구초』에서 묘청과 정지상의 서경 천도 운동을 "조선사 일천년래 제일 대사건"이라고 평가했어요. 신채호는 이 사건을 우리 역사에서 매우 중요한 사건으로 본 것이죠. 그는 이 일을 진취 사상과 보수 사상의 싸움으로 보았습니다. 그리고 진취 세력이 지고 보수 세력이 승리하면서 이후 우리 역사가 계속 사대적이고 보수적으로 전개되었다고 주장한 것입니다.

차별받던 무신들의 울분에 찬 반란

1170년 무신 정변 이전까지는 문신들의 세상이었습니다. 같은 지배층이지만 문·무 사이의 격차가 매우 컸기에 무신들은 각종 무시를 받았죠. 무신들의 불만은 날이 갈수록 커질 수밖에 없었습니다. 이런 시대상을 엿볼 수 있는 사건 중 하나로 김부식의 아들, 젊은 문신 김돈중이 높은 계급의 무신 정중부의 수염에 불을 붙인 일이 있었죠. 김부식이 『삼국사기』를 쓰느라 바빠서 자식 교육에는 좀 소홀했던 모양입니다.

자신들을 무시하는 이런 행태들에 무신들의 노여움이 점점 타오르기 시작합니다. 그러다 결정적인 사건이 터집니다. 한뢰라는 나이 어린 문신이 아버지뻘의 무신인 상장군 이소응의 뺨을 때리는 사건이 일어난 것인데요, 이것이 도화선이 되어서 정중부, 이의방 등이 정변을 일으킵니다. 이때 수많은 문신들이 무지막지하게 학살되고 당시의 왕 의종도 폐위됩니다. 이때부터 무신을 중심으로 한 무신 집권기가 펼쳐집니다.

무신 정권을 이끈 사람들

무신 정권은 과연 평화로웠을까요? 결코 아니었습니다. 최고 자리를 놓고 서로 죽고 죽이는 권력 다툼이 계속됩니다. 그 과정에서 주목할 만한 집권자로는 이의방, 정중부, 경대승, 이의민, 최충헌, 최우가 있습니다. 최충헌·최우는 부자 관계였는데요, 이 둘을 포함해 최씨가 약 60년간 4대에 걸쳐 최고 권력자 자리를 세습하게 됩니다. 이것을 따로 최씨 무신 정권이라고 합니다.

무신 집권기 중 최씨 무신 정권 이전까지의 최고 권력 기구는 중방이었습니다. 그러다 최충헌이 권력을 잡고 나서는 교정도감이라는 기구를 새로 만들어 스스로 교정별감에 취임하죠. 최충헌에 이어 집권한 아들 최우는 인사 기구인 정방과 문신들의 의견을 듣기 위한 서방을 설치하며 나랏일을 좌지우지했습니다. 또 최우는 밤도둑을 막기 위한 사병 조직인 야별초도 만드는데요, 시간이 지나 이 야별초가 좌별초·우별초로 나뉘고, 신의군별초까지 더해져 삼별초가 됩니다. 이 삼별초는 나중에 몽골군이 고려를 침략했을 때 다시 등장할 예정이니 꼭 기억해 두세요.

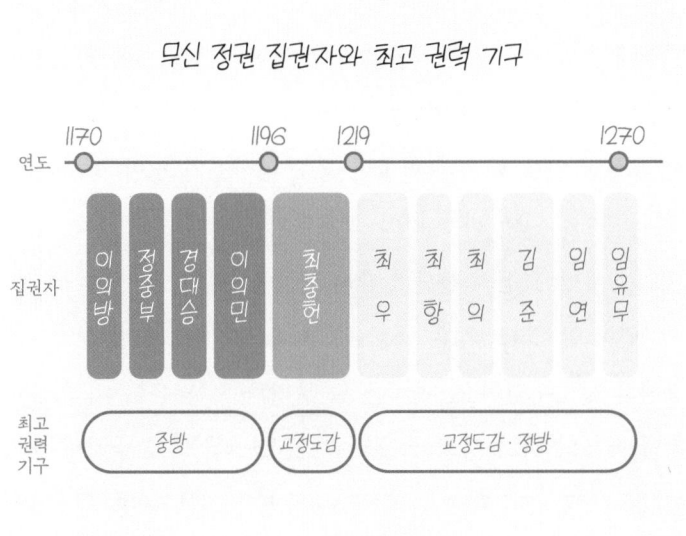

무신들에 반발한 움직임

무신들은 자신들의 배를 채우느라 백성들의 땅이나 재산을 불법적으로 빼앗거나 세금을 더 많이 걷는 등 좋지 않은 모습을 보입니다. 이에 무신 정권에 대항하는 반란들도 많이 일어났죠. 김보당의 난, 조위총의 난처럼 무신 세력에 반대한 문신들이 일으킨 난들도 많았지만, 특히 이 시기에는 다른 때보다 양민과 천민들의 반란이 잦았어요. 대표적인 예가 망이·망소이의 난이죠.

고려에는 향·부곡·소라는 특별 행정 구역이 있었는데요, 이 지역에 사는 사람들은 계급은 양인이지만 다른 지역 양인보다 더 낮은 지위에 놓여 있었으며 조세를 더 많이 내기도 했어요. 이런 심한 차별 대우에 반발한 공주 명학소의 망이·망소이 형제가 일으킨 난이 바로 망이·망소이의 난입니다. 또 다른 민란으로 김사미·효심의 난도 있습니다.

천민이 일으킨 만적의 난도 있는데요, 만적은 최고 권력가 최충헌의 사노비였어요. 만적은 "신분의 높고 낮음이 어떻게 태어날 때부터 미리 정해져 있을 수 있겠느냐!"라고 말하며 노비 해방을 주장합니다. 이는 한국사 최초의 신분 해방 운동으로 평가받지요. 달변가였던 만적이 이때 죽지 않고, 신분도 천민이 아니었다면, 거란의 1차 침입을 외교 담판으로 막아 냈던 서희처럼 만적도 몽골의 침략을 전쟁 없이 해결할 수 있지 않았을까요?

한 줄 코드

★ 무신 정권에 저항하며 난을 일으킨 사람들!

김 　　　　 김
사　　　　효만

보조망이 **미심적**네

당 위 이
　송 · 망
　　 소
　　 이

고려 111

무려 28년에 걸친 여몽 전쟁

최우가 고려를 집권하던 무신 정권 시기, 몽골이 고려에 쳐들어옵니다. 그 후 28년 동안 총 아홉 차례에 걸쳐 고려와 몽골 간의 전쟁이 전개되죠. 이 과정에서 신라 선덕 여왕 때 자장의 건의로 세워진 경주 황룡사 9층 목탑과 거란 침입 후 만들어졌던 초조대장경이 소실되기도 합니다. 이제 몽골과의 오랜 전쟁 중에 어떤 굵직굵직한 사건들이 있었는지 알아보겠습니다.

먼저 전쟁의 도화선이 된 사건은 몽골의 사신 저고여라는 사람이 의문의 죽음을 당한 일이었습니다. 저고여 사망의 정확한 원인은 밝혀지지 않았지만, 몽골 측은 고려가 죽였다고 주장하며 공격하기 시작한 것이죠. 그렇게 1231년 1차 여몽 전쟁이 발발합니다. 그 과정에서 귀주성의 박서 장군이 멋지게 성을 지키기도 했습니다만, 전체적인 전세는 매우 불리했기에 당시 고려의 왕 고종은 몽골과 강화를 맺는 것으로 싸움을 마무리하죠. 그리고 최우는 수도를 개경에서 강화로 옮기며 본격적인 전쟁을 준비하기 시작합니다.

2차 여몽 전쟁에는 우리가 기억해야 할 전쟁 영웅이 있습니다. 바로 김윤후 장군인데요, 승려인 그는 지금의 용인인 처인성에서 적장 살리타이를 저격해 사살합니다. 이 일로 몽골군이 퇴각을 하지요.

5차 여몽 전쟁 때도 김윤후 장군이 충주성에서 활약합니다. 당시 김윤후 장군은 전쟁에 임할 백성들에게 열심히 싸운다면 귀천을 가리지 않고 모두 관작을 주겠다면서, 관노비들의 노비 문서를 불태운 것으로 유명해요. 그의 독려로 백성들은 죽음을 무릅쓰고 싸워 큰 승리를 이끌어 냅니다.

외세의 침략을 이겨 내려면 전투와 같은 물리적인 싸움에 전력을 다하는 한편 정신적인 힘을 가다듬을 필요도 있었겠죠? 이에 몽골군에 의해 불타 버린 대장경을 다시 만드는 작업이 시작됩니다. 이 대장경은 다시 재(再) 자를 붙여 재조대장경이라 하지요.

불심으로 다른 나라로부터 조국을 지키고자 하는 그 마음이 정말 간절했던 것 같습니다. 어마어마한 양의 대장경을 만들거든요. 이 재조대장경의 또 다른 이름이 팔만대장경입니다. 합천

합천 해인사 장경판전 내부 모습

해인사에 이 대장경 목판이 보관되어 있지요. 해인사의 장경판전과 팔만대장경은 각각 유네스코 세계 문화유산과 기록 유산으로 지정되어 그 가치를 인정받고 있답니다.

이러한 크고 작은 승리와 노력에도 불구하고 계속되는 몽골의 공격에 결국 고려 정부는 개경 환도를 결정합니다. 앞서 강화로 천도한 것은 몽골에 대항하겠다는 의미였는데요, 다시 개경으로 간다는 것은 전쟁을 포기하고 몽골의 뜻에 따르겠다는 의미이지요.

그러나 정부의 선택에 반대하며 끝까지 몽골에 항전한 이들이 있습니다. 바로 삼별초입니다. 삼별초는 최우가 만든 사병

집단에서 출발했다고 얘기했었지요. 삼별초는 강화에서 진도로, 진도에서 제주도로 옮겨 가며 끝까지 맞서 싸웁니다. 하지만 제주 삼별초마저 무너지면서 고려의 대몽 항쟁은 마무리되고 맙니다. "시작은 미약하나, 끝은 창대하리라."라는 말이 있죠. 최우 집권기에 밤도둑을 잡는 사병 조직 야별초로 출발했지만, 대몽 항쟁의 최후를 장식한 삼별초와 너무도 잘 어울리는 말인 것 같습니다.

○ 전공을 세우면 우리 지역이 승격된다!

고려의 지방 행정 구역에는 군·현과 같은 일반적인 행정 구역 이외에 향·부곡·소라는 특수 행정 구역이 있었습니다. 여기에 사는 사람들은 군현 사람들보다 낮은 대우를 받으며 열악한 생활을 해야 했죠. 그래서 공주 명학소에서는 망이·망소이의 난이 일어나기도 했습니다.
다만 이 어려움에서 빠져나갈 수 있는 방법이 하나 있었는데요, 바로 향·부곡·소가 군·현으로 승격되는 것이었죠. 승격할 수 있는 방법 중 하나가 전쟁에서 공을 세우는 것이었습니다. 실제로 처인부곡은 적장 살리타를 죽이는 등의 승리를 이끌면서 처인현으로, 충주의 다인철소는 몽골군의 6차 침입을 막은 공이 인정되어 익안현으로 승격되었습니다. 나라도 지키고, 대우도 높아지니 백성들이 얼마나 진심으로 싸웠을지 짐작이 갑니다.

원나라의 부마국이 된 고려

　결국 몽골, 즉 원나라와의 전쟁에서 항복하며 고려 조정은 원의 간섭을 받게 됩니다. 일단 왕 이름이 바뀝니다. 이제 고려의 왕은 황제와 같은 지위가 아니라서 ○조, ○종이라는 이름을 쓸 수 없습니다. 왕으로 격하되고 왕 이름 앞에는 '충(忠)'이 들어가서 충○왕이라고 명명되죠. 원에 충성한다는 의미로요. 또 고려 왕과 원 황실의 여성을 결혼시켜, 고려를 몽골의 사위 나라로 만듭니다. 이 외에도 고려의 2성 6부제를 축소시켜 2성을 첨의부로 통폐합하고, 6부를 4사로 줄여요. 또, 군사 기밀과 왕명 출납을 담당하던 기구인 중추원은 밀직사로, 국가의 중대사를 논의하던 도병마사는 도평의사사로 격하됩니다.

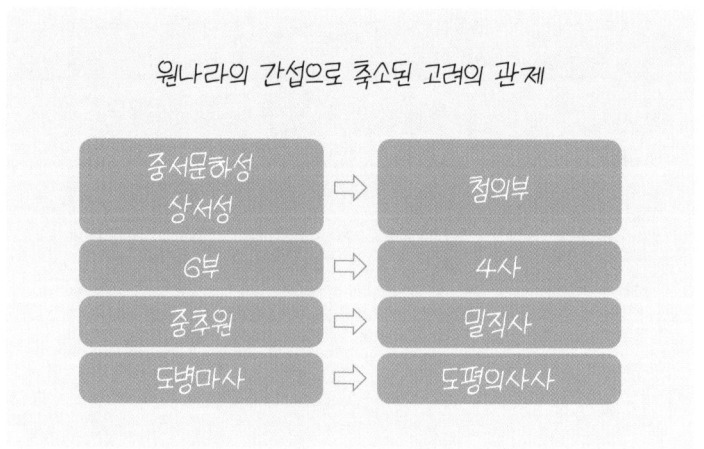

내정 간섭을 위한 기구들도 적소에 설치합니다. 철령 이북 지역에는 쌍성총관부, 서경에는 동녕부, 제주에는 탐라총관부를 설치하지요. 내정을 간섭하기 위한 관리로, 원나라에서 감찰관인 다루가치를 파견합니다. 또 정동행성이라는 기구도 설치하는데요, 원나라가 꼭 정벌하고 싶어 했던 나라가 있었으니, 바로 일본입니다. 그래서 동쪽을 정벌하기 위한 기구라는 뜻으로 정동행성을 설치하지요. 그래서 결국 일본 원정에 성공하냐고요? 아니요. 두 번이나 시도했지만 모두 태풍을 맞아 실패합니다. 일본은 이때의 태풍을 일본을 지켜 준 '신의 바람'이라 불렀습니다. 그래서 훗날 제2차 세계 대전 중 태평양 전쟁 말기, 전투기에 폭탄을 싣고 적함에 충돌하여 자살 공격을 하던 일본군 특별 부대에도 같은 이름을 붙였습니다. 바로 '가미카제(神風, 신풍)' 특공대입니다.

원나라의 수탈도 비일비재했습니다. 그 예로 고려의 여성들을 몽골에 조공 바치듯 보내는 공녀가 있었는데요, 결혼도감이라는 기관을 따로 두어 여성들을 강제로 선발하기도 했죠. 그러다 보니 딸이 공녀로 징발되기 전에 혼인을 시키는 집이 많아지면서, 고려에 조혼이 성행하기도 했습니다. 또 원나라에 조공할 매를 잡아 키우고 훈련시키는 관청인 응방도 생겼지요.

몽골의 문화도 고려에 전파됩니다. 몽골족의 머리매무새인 변발, 그들의 옷차림새인 호복이 유행을 하죠. 또 족두리, 연지,

소주, 만두 등이 이때 들어온 것이라고 해요. 반대로 고려의 문화도 몽골에 전해졌겠죠? 고려의 풍습 가운데 특히 의복, 신발, 모자 등의 복식과 만두, 떡 등의 음식, 아청(鴉靑, 검은색을 띤 푸른 빛) 등의 기물이 급속도로 원나라에 전파되었습니다. 이를 총칭하여 고려양이라고 불렀죠. 이 유풍이 오늘날까지 남아 지금도 몽고족 사회에서는 고려 만두, 고려 병, 고려 아청 등의 용어가 사용되고 있다고 해요.

친원파 권문세족이 활개를 치다

고려의 조정은 원나라에 빌붙어 권력을 얻은 세력인 권문세족에 의해 휘둘립니다. 이들은 인사 기구인 정방과 고려 최고 의사 결정 기구인 도평의사사를 장악해 자신들 입맛에 맞는 사람들을 채용합니다. 그들을 통해 자신들의 이익을 극대화하며 나라를 뒤흔든 것이죠. 또 불법적으로 땅을 사 어마어마한 규모의 대농장을 갖고 부를 쌓습니다. 권문세족의 대표가 기철이라는 사람입니다. 그의 여동생은 원의 황후인 기황후였지요. 원나라 황후의 오빠이니 그가 고려에서 얼마나 기세등등했을지 안 봐도 뻔합니다.

친원파에 대항한 반원파 공민왕

　암울했던 상황 속에 고려를 개혁하고자 애쓴 왕이 있었으니, 바로 공민왕입니다. 이 시기 원나라도 위기를 맞고 있었습니다. 중국의 패권이 원에서 명으로 넘어가려던 때였거든요. 그러니 원이 자기들 앞가림하느라 고려를 신경 쓰기 어려웠겠죠. 이를 기회로 공민왕은 원나라의 간섭에서 벗어나 자주적인 고려를 만들기 위해 개혁을 시작합니다. 격하되었던 관제들을 복구하고 원나라가 고려의 내정을 간섭하려고 만든 기구들도 하나둘 처리합니다. 그래서 쌍성총관부를 수복하고 정동행성과 정방 등을 폐지하죠. 또 성리학이라는 중국 학문을 공부한 신진 사대부를 대거 등용하고 권문세족의 대표 격인 기철을 숙청합니다.

　고려 광종이 불법적으로 노비가 된 이들을 다시 양민으로 풀어 주는 노비안검법을 실시했던 것, 기억하시죠? 공민왕도 이와 비슷한 목적을 가진 전민변정도감을 설치합니다. 다만 공민왕은 백성뿐만 아니라 땅도 검수하기 시작합니다. 앞서 권문세족들이 불법적으로 소유한 땅들이 엄청나게 많았다고 했지요? 그래서 공민왕은 신돈이라는 승려를 등용한 후 전민변정도감을 통해 권문세족이 불법적으로 소유한 대농장들을 제대로 검사해서 원래 주인에게 돌려주거나 국가 소유로 전환합니다. 그리고 억울하게 노비가 되었거나, 부당한 이유로 신원에 문제가 생겨

고통받던 백성을 다시 제자리로 돌려보냅니다.

이 파격적인 개혁 정치만 보면 공민왕은 재위 기간 내내 하늘을 날았을 것 같지만 안타깝게도 공민왕의 삶은 평탄하지만은 않았습니다. 홍건적의 침입으로 공민왕이 안동까지 피신을 가는 등 국내외 정세가 불안정했던 시기도 있었지요. 게다가 사실상 공민왕의 유일한 지지 기반이었던 왕비, 노국 대장 공주의 사망 후로는 상황이 아주 안 좋아집니다.

노국 대장 공주는 원나라 공주임에도 불구하고 남편의 반원 정책을 적극 지지했습니다. 공민왕의 급진적인 개혁은 노국 대장 공주의 지원이 있었기 때문에 가능했다고 해도 과언이 아닙니다. 둘의 사랑은 유명하죠. 사랑하는 사람을 떠나보낸 공민왕은 제대로 국정을 수행할 수 없었습니다. 결국 권문세족의 반발로 전민변정도감의 실무자 신돈이 제거되고 공민왕도 시해당하면서 개혁 군주 공민왕의 꿈은 완성되지 못합니다.

거란, 여진, 몽골, 홍건적에 이어 이제는 왜구?!

　공민왕 다음인 우왕 때는 왜구가 고려에 침입합니다. 대표적인 왜구와의 전투는 최영의 홍산 대첩(지금의 부여), 이성계의 황산 대첩(지금의 남원), 최무선의 진포 대첩(지금의 군산)이 있습니다. 특히 최무선은 화통도감으로 유명한 사람인데요. 그는 왜구를 격멸하는 데 화포만 한 것이 없다고 생각하여 조정에 화통도감 설치를 건의합니다. 그래서 20여 기의 화기를 고안하고 만드는데요, 이 화기들이 왜구와의 싸움에서 큰 위력을 발휘하게 되지요. 창왕 때는 박위라는 사람이 일본 쓰시마섬을 공격하여 정벌하는 일도 있었습니다.

아니, 아니, 아니 되오! 이성계의 4불가론

우왕 때부터 고려라는 나라의 명운도 점점 다해가기 시작합니다. 이때 명나라가 공민왕이 수복했던 쌍성총관부 땅을 자신들이 관리하겠다며 철령위를 설치하겠다는 통보를 해 오죠. 이에 최영 등 강경 세력이 반발하여 명나라의 요동 땅을 정벌하자고 주장합니다. 당시 홍건적과 왜구의 침입에 성공적으로 맞서 신흥 무인 세력의 다크호스로 떠오른 이성계는 요동 정벌에 반대하는 입장을 내비치죠. 그는 4불가론을 내세우며 우왕과 최영을 설득합니다.

요동 정벌이 옳지 못한 첫째 이유는 작은 나라가 큰 나라를 거역해서는 안 된다는 것이었고, 두 번째 이유는 농번기인 여름철에 군사를 모집하면 나라 경제에 무리를 준다는 것이었습니다. 세 번째는 군사가 요동을 공격하는 틈을 타 남쪽의 왜구가 바로 침입할 수 있다는 것이었고, 마지막 이유는 여름철이라 덥고 습해 활의 아교가 녹고 군사들 사이에 전염병이 퍼질 수 있다는 것이었죠.

그러나 요동 정벌은 취소되지 않습니다. 왕의 명령으로 출정한 이성계의 군대는 압록강 부근 위화도까지 갔다가 결국 그곳에서 회군하여 다시 개경으로 돌아갑니다. 그리고 최영의 군대를 물리친 뒤 우왕을 폐위시키고 창왕을 올려 조정의 실권을 장악합니다.

  이후 이성계를 중심으로 본격적으로 토지 개혁안이 발의되어 고려의 마지막 왕 공양왕 때 과전법이 실시됩니다. 과전법은 경기도 지역에 한해 전·현직 관리에게 토지의 수조권을 지급하는 제도였지요. 이를 통해 신진 사대부는 경제적 기반까지 갖추게 됩니다. 그리고 본격적으로 새로운 왕조, 조선을 세웁니다.

6부

조선

"태정태세문단세 예성연중인명선 광인효현숙경영 정순헌철고순." 27명의 조선 왕 계보는 한국인이라면 누르면 나오는 한국사의 기본기이지요. 왜 이렇게까지 모든 왕의 이름을 알아 두려고 하는 걸까요? 이 흐름만 제대로 알아도 조선 시대 역사를 한눈에 파악할 수 있기 때문이죠. 그래서 조선 시대사는 조선 왕 계보에 따라, 주요한 사건이나 그 시기의 정치적 분위기에 따라 총 세 시기로 나누어 다루려고 합니다. 조선 전기, 임진왜란과 병자호란을 겪었던 조선 양란 시기, 전쟁 이후 나라를 복구하고 정국의 변화가 있던 조선 후기. 쭉 훑어 가며 파란만장했던 조선의 역사를 함께 살펴보시죠!

조선 전기
유교 국가 조선의 태평성대 200년

초대 국왕 태조와 한양 설계자 정도전

　1392년 조선이 건국됩니다. 1592년에 일어난 임진왜란으로부터 딱 200년 전이지요. 고려 말 신흥 무인 세력인 이성계는 신진 사대부와 손을 잡고 새로운 나라를 세우려 합니다. 하지만 신진 사대부는 개혁은 하되 고려라는 나라는 유지하자는 온건 개혁파와 고려는 이미 망했으니 새 나라를 세워야 한다고 주장하는 급진 개혁파로 나뉘었죠. 결국 이성계는 정도전, 조준 등 급진 개혁파 세력과 함께 조선을 세웁니다. 자신들의 뜻이 좌절된 온건 개혁파의 신진 사대부들은 중앙 정계에서 물러나 각자 지방으로 거처를 옮깁니다. 훗날 중앙에 남은 급진 개혁파는 훈구 세력으로, 지방으로 물러난 온건 개혁파는 사림으로 성장합니다. 이 두 세력 간의 갈등은 계속되는데요, 이게 조금 복잡하

조선의 초대 국왕인 태조 이성계의 어진

니, 추후에 다시 다루도록 하겠습니다.

태조 이성계는 조선을 건국하기 이전부터 과전법을 실시하는 등 많은 과업을 수행했습니다. 그리고 초대 국왕이 된 후에는 원래 고려의 수도였던 개경에서 한양으로 천도하기도 했죠. 이런 중요한 나랏일을 혼자만 하지는 않았습니다. 그의 옆에는 '조선의 디자이너' 정도전이 있었어요. 제가 정도전을 조선의 디자이너라고 소개하는 이유는 그가 한양 도성, 그러니까 궁궐과 종묘와 사직의 위치며 방향을 정하는 등 수도의 주요 시설을 설계한 사람이기 때문입니다. 경복궁(景福宮)이라는 이름도 '새 왕조가 큰 복을 누려 번영할 것'이라는 뜻으로 그가 지은 것이고, 숭례문, 흥인지문과 같은 사대문도 모두 그의 손길을 거쳐 만들어졌습니다.

그는 성리학을 공부한 유학자였고, 그런 그가 세운 조선도 유교를 국가 이념으로 삼았습니다. 그러니 자연스레 불교는 억압하고 배척하는데요, 그 예가 『불씨잡변(佛氏雜辨)』입니다. 불씨에서 '씨'는 "어이, 김 씨!" 할 때 그 '씨'예요. 그럼 '불씨'는 누구를 지칭하는 걸까요? 바로 부처님입니다. 그러니 책의 제목을 풀이하자면 '부처 씨의 잡스러운 말들'이라는 뜻인 거죠. 불교 신자가 들으면 화날 만한 제목이지요. 정도전이 성리학의 관점에서 불교를 비판한 책입니다.

새 나라를 이끌어 가려면 기준이 되는 법이 있어야겠지요?

임금이 나랏일을 부지런히 해야 한다는 뜻에서
정도전이 이름을 붙인 경복궁 근정전(勤政殿)

정도전은 『조선경국전』이라는 법전도 씁니다. 다만 이것은 정도전 개인이 편찬한 것입니다. 국가 차원에서 쓴 관찬 법전은 이후 세조 때 작업을 시작해서 성종 때 완성되지요(이것도 나중에 자세히 이야기할게요).

정도전이 꿈꾼 나라는 재상이 중심이 되는 나라였습니다. 왕이 권력을 독차지하여 혼자 영화를 누리는 것이 아니라 재상들과 함께 논의하며 좋은 나라를 만들기를 바랐죠. 그러나 어떤 누군가에게는 그런 그의 행보가 탐탁지 않았을 겁니다.

죽고 죽이는 형제들, 1·2차 왕자의 난

태조에게는 두 명의 부인이 있었는데요, 첫 번째 부인인 신의 왕후와는 다섯 아들을 둡니다. 그러나 신의 왕후는 조선이 건국되기 전에 세상을 떠납니다. 그 후 태조는 계비 신덕 왕후를 맞이하고, 그녀는 이방번과 이방석 두 아들을 낳죠. 여기서 문제가 발생합니다. 태조가 신덕 왕후의 뜻을 따라 이방석에게 왕위를 물려주려고 한 것이죠. 결국 태조의 다섯째 아들이자 조선 건국에 중요한 역할을 해 왔던 이방원이 반발하여 난을 일으킵니다. 이것이 1차 왕자의 난입니다. 이때 이방석과 함께 정도전도 살해당합니다. 훗날 태종이 되는 이방원은 재상 중심의 나라가 아닌 강력한 왕권이 이끄는 나라를 꿈꿨던 사람이기 때문이지요.

1차 왕자의 난으로 이방원의 형, 그러니까 태조와 신의 왕후 사이에서 나온 둘째 아들 이방과가 정종으로 즉위합니다. 그리고 왕자의 난이 또 한 번 일어나는데요, 이것이 2차 왕자의 난입니다. 이번에는 이방원이 아닌 그의 바로 위 형, 넷째 이방간이 주도했습니다. 박포라는 자가 이방간에게 이방원이 장차 방간을 죽이려 한다고 거짓 밀고를 했던 것입니다. 이에 이방간이 동생을 먼저 치려고 난을 일으켰습니다. 하지만 당시 이방원을 따르던 무리가 많았고 거느리고 있던 사병의 규모도 매우 컸기에 결과는 이방원의 승리로 끝납니다. 이후 본디 왕좌에 큰 관심이 없었던 정종은 이방원을 왕세자로 책봉하고 즉위 2년 만에 왕좌를 이방원에게 넘깁니다.

강력한 왕권을 원해! 태종

조선 시대에 왕권 강화를 위해 노력했던 왕을 꼽으라면 맨 앞줄에 태종과 세조를 둘 수 있겠습니다. 두 왕은 공통점이 있죠? 왕이 되기 위해 살육도 서슴지 않았던 무자비한 인물이라는 점이죠. 그래서 그들은 자신들이 왕이 된 후 반대파의 입을 막기 위해 왕권 강화에 엄청나게 힘을 쏟았습니다.

호패법 실시가 그 대표적인 예시지요. 호패는 지금의 주민 등록증 같은 것입니다. 조선에 살고 있는 양인 남자들을 대상으로 그들이 어디에 살고 땅을 얼마나 가지고 있는지 등등을 전부 파악해 등록한 것이죠. 그래야 정부가 조세나 역의 의무를 백성에게 빠짐없이 부과할 수 있으니까요. 이는 나라 재정을 충실히 하는 왕권 강화 정책의 하나로 볼 수 있습니다.

또 태종은 왕이 되기 전 본인은 많이도 가지고 있었던, 1, 2차 왕자의 난 승리의 중요한 저력이었던 사병을 혁파합니다. 국가가 아닌 개인이 가지고 있는 사병이 왕 입장에서는 위협 요소이기 때문이죠. 그래서 태종은 기존의 사병들을 모두 국가가 운영하는 군사 조직인 삼군부로 흡수시킵니다. 내가 하면 로맨스지만 남이 하면 불륜, '내로남불'의 원조가 태종 이방원이 아닐까 싶습니다.

조선의 주요 행정은 의정부와 6조라는 정치 기구가 맡았습니다. 의정부는 영의정·좌의정·우의정 세 정승이 조정 업무를 총괄하며 주요 정책을 토론하고 결정하는 최고 행정 기관이고, 이조·호조·예조·병조·형조·공조 6조가 실무 기관이었죠.

강력한 왕권을 원했던 태종은 의정부의 권한을 축소하고자 했습니다. 그래서 정책을 시행할 때 의정부를 가볍게 건너뛰어요. 왕이 직접 실무 기관인 6조에 정책을 지시하고 그 결과를 보고받았죠. 이를 6조 직계제라고 합니다. 또 태종은 간쟁 기관인 사간원을 독립시킵니다. 고려의 중서문하성 안에 정치의 잘못을 비판하는 직책으로 존재했던 낭사를 하나의 독립된 기관으로 뺀 것이죠. 간쟁 기관을 따로 둔 것이 왜 왕권 강화냐고, 왕의 정책에 태클을 걸 수 있는 것 아니냐고 궁금해하실 수 있겠습니다. 하지만 이때의 사간원은 왕의 정책을 비판하는 것보다는 왕권을 침범하려는 신하들을 누르는 기능이 더 컸어요.

태종의 외교 정책은 명에 사대하는 것이었습니다. 참고로 정도전은 요동 정벌을 주장할 만큼 명에 사대하는 것을 반대했지요. 앞서 언급했듯이 재상 중심 사회를 꿈꿨던 정도전과 왕권 강화의 아이콘 태종, 둘의 정치적 의견이 이래저래 얼마나 안

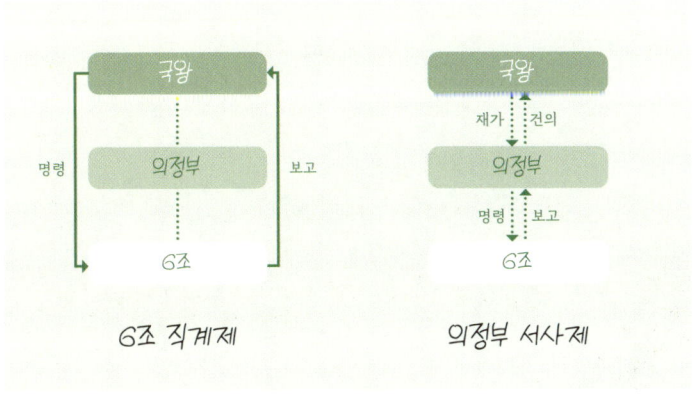

6조 직계제 / 의정부 서사제

맞았는지 알 수 있는 대목이죠. 태종 때 만들어진, 현존하는 동양에서 가장 오래된 세계 지도인 혼일강리역대국도지도를 보면 중국이 비현실적으로 크게 표현되었습니다. 당시에 중국 중심의 세계관이 팽배했음을 여기서도 엿볼 수 있지요.

명을 사대(事大)했지만, 여진, 왜와 같은 다른 나라와는 교린 관계를 유지했습니다. 교린(交隣)이란 친구처럼 지내는 것이지요. 친구와는 사이가 좋을 때엔 간까지 빼 줄 정도로 잘 지내다가도, 틀어지면 피 터지게 싸우기도 하잖아요? 그와 비슷하게 조선도 강경책과 회유책을 병행했습니다. 태종 때 여진에 대한 대표적 회유책으로, 경성과 경원 지역에 무역소를 설치한 것을 들 수 있습니다. 무역소는 여진과의 교류를 위한 장소였지요.

그 밖에도 태종은 다양한 정책들을 펼쳤는데요, 먼저 주자소를 설치해 금속 활판을 제작했습니다. 태종 때 만들어진 활자를

계미자를 사용해 인쇄한 국보 148호 『십칠사찬고금통요』

계미년에 만들었다고 해서 계미자라고 부르지요. 또 대궐 밖 문루에 신문고라는 북을 설치했습니다. 억울함을 호소하는 백성이 이 북을 쳐 자신의 문제를 해결할 수 있도록 한 것이었죠. 숙청의 아이콘 태종이 의외로 애민 정신이 있었다고 볼 수도 있겠습니다. 물론 이 북이 실제로 울리는 일은 거의 없었다고 합니다. 하지만 요즘도 '신문고'가 종종 공공 정책이나 제도 이름으로 쓰이는 걸 보면 '누구나 억울함을 호소할 수 있는 제도'라는 상징으로 남는 데는 성공한 것 같네요. 참고로 얼마 전, 제가 현대의 신문고에 해당하는 국민권익위원회의 홍보대사로 위촉되었답니다. 열심히 하겠습니다!

한 줄 코드

 태종이 실시한 제도들

호사를 누리던 계왕자가

호패법
사병혁파
미자
의난

혼신의 힘을 다해 육사에 입학

문고
일강리역대국도지도
조직계제
간원독립

하나부터 열까지 조선을 살뜰히 챙긴 성군, 세종

태종의 셋째 아들 세종이 조선의 4대 왕으로 즉위합니다. 세종 대왕은 아시다시피 업적이 무척 많습니다. 그중 제일은 한국인이라면 모를 수 없는 훈민정음의 창제이지요. 또 학문 연구 기구인 집현전을 설치했습니다. 집현전(集賢殿), 현명한 사람들을 집합시켰다는 뜻이지요. 거기서 똑똑한 학자들과 학문을 연구하고 국가 주요 정책의 자문을 받았죠. 조선과 백성을 지극히 사랑한 세종 대왕의 업적을 빠짐없이 기억하고자 제가 0부터 10까지 숫자와 함께 연상할 수 있도록 정리해 보았습니다. 시작해 볼까요?

0 - 영의정이 대장인 곳, 어디지요? 바로 의정부입니다. 앞서 태종은 왕권의 강화를 위해 의정부를 건너뛰는 6조 직계제를 실시했습니다. 하지만 이런 방식은 장기적으로 보았을 때는 문제가 생기죠. 좋은 정책을 펼치려면 왕 한 사람이 독단적으로 판단할 것이 아니라 여러 입장의 의견을 물어 가며 조화롭게 풀어 나가야 하니까요. 그래서 세종은 아버지 태종과 다르게 '의정부 서사제'를 실시합니다. 실무 기관인 6조가 의정부에 보고를 하면, 의정부는 정책에 대한 논의를 거쳐 왕에게 안건을 올렸던 것이죠. 그리고 왕이 안건을 살핀 후 허가

를 하면 의정부가 해당 안건을 6조에 지시하는 방식입니다. 그리고 또 하나, 세종의 업적은 아니지만 0과 연결되는 것이 있습니다. 바로 세종의 무덤이 경기도 여주에 있는 영릉이라는 것도 기억해 두세요.

1 - 일등을 우리는 갑(甲)이라고도 표현하는데요, 세종은 아버지 태종처럼 활자를 제작합니다. 그 이름이 갑인자예요. 원래는 갑인년에 만들어졌다고 해서 붙인 이름이지만, '1등' 활자라고 기억해 봅시다. 그 외에도 여러 분야에서 '갑'이었던 세종은 박연이라는 신하와 함께 향악, 당악, 아악 등 궁중에서 연주되는 음악들을 정리하고 연구했습니다. 혹시 세종이 절대 음감이었다는 이야기 들어 보셨나요? 박연이 편경이라는 돌로 만든 악기를 개발해 세종에게 시연했는데, 세종이 음정이 맞지 않다고 했답니다. 알고 보니 편경에 돌을 갈기 위해 그어 놓은 먹줄이 그대로 남아 있었다네요. 돌이 다 갈리지 않아 음정이 달랐던 것이죠. 똑똑하고 바른 품성에 예술적 재능까지! 역시 세종 대왕님이 갑입니다요! 갑!

2 - 이종무를 시켜 쓰시마섬을 정벌한 것도 세종 대왕의 업적입니다. 대마도라고도 불리는 쓰시마섬은 예로부터 조선과 충돌이 잦았습니다. 조선을 호시탐탐 노리던 왜적의 근거지

가 바로 이곳이었거든요. 세종은 채찍과 당근을 함께 씁니다. 섬을 정벌한 것과는 별개로 왜에 대한 회유책으로 삼포(3포)를 개항하기도 했습니다. 부산포(부산), 제포(창원), 염포(울산) 딱 3개의 항구만 개항해서 제한된 범위 안에서는 자유롭게 교류할 수 있도록 해 준 것이지요.

3 - 삼강이라고 들어 보셨나요? 유교의 도덕에서 기본이 되는 세 가지 강령을 뜻합니다. 임금과 신하, 부모와 자식, 남편과 아내 사이에 마땅히 지켜야 할 도리를 이르죠. 세종은 백성들이 이 삼강을 잘 지킬 수 있도록 삼강의 모범이 된 충신, 효자, 열녀를 각 35명씩 뽑아 그 행적을 글과 그림으로 담은 『삼강행실도』를 간행했습니다. 또 세종은 사형수에 대해 세 번의 심판을 받을 수 있도록 하는 삼심 제도를 실시하기도 했습니다. 최대한 억울한 백성이 없도록 하기 위해 애쓴 세종의 애민 정신이 느껴지죠.

4 - 『농사직설』이라는 농서도 만듭니다. 농사는 조선 경제의 근간이었죠. 백성과 나라가 부강해지려면 농사가 잘되는 게 가장 중요했습니다. 하지만 고려 시대부터 전해 내려온 농서인 『농상집요』는 원나라 책을 번역한 것이었기에 우리 실정에는 잘 맞지 않는 부분이 있었습니다. 그래서 세종은 논밭에서

잔뼈가 굵은 조선 최고 농사꾼들의 노하우를 집대성한 『농사직설』을 편찬합니다.

5 - 오로지 백성. 세종의 마음속에는 항상 백성이 자리하고 있었습니다. 세종의 애민 정신은 모든 정책에 속속들이 녹아 있습니다. 대표적인 예로 관노비의 출산 휴가를 넉넉히 보장해 준 것을 들 수 있습니다. 기존에는 출산을 하면 7일을 주었던 출산 휴가를 100일로 대폭 늘리고 산모가 원하면 출산 한 달 전부터 쉴 수 있게 했습니다. 또한 노비의 남편에게도 30일의 휴가를 주어 산모를 보살피게 했지요(세종 대에 살았다면 저도 아내 출산 때 최선을 다했을 텐데. 여보, 그때 미안했어요. 「진짜사나이」 촬영하느라 내 몸 가누기도 쉽지 않았거든).

6 - 4군 6진을 개척하기도 했습니다. 이 땅은 북방 지역으로, 이곳에 여진이 오는 것을 막기 위해 압록강 지역에 최윤덕을 시켜 4군을, 두만강 지역에 김종서를 시켜 6진을 개척합니다. 여진을 향한 강경책이었지요. 개척 후에는 남쪽의 백성을 이주시키고, 상피제(지역 출신을 관리로 임명하지 않음)가 시행되고 있었음에도 불구하고 토관 제도(지역 토착민을 관리로 임명함)를 실시해서 그 지역의 발전을 도모했습니다. 또 귀화한 여진족에게는 관직을 주는 회유책도 병행했답니다. 그리고

무엇보다 중요한 것은, 4군 6진의 개척을 계기로 현재 우리나라의 영토 범위가 확정되었다는 것입니다.

7 - 『칠정산』이라는 한양 중심의 역법서도 만듭니다. 역법서는 천체 운동을 계산해 시간 체계를 세우고 날짜와 절기를 정하는 데 매우 중요한 기본이 되는 책인데요, 쉽게 말하면 달력 같은 겁니다. 이전까지는 중국을 기준으로 한 역법서를 사용했는데요, 세종은 이순지라는 학자를 시켜 한양 중심의 역법서를 편찬케 했습니다. 책 얘기가 나온 김에 좀 더 해 볼까요? 세종의 중요한 업적 중 빼놓을 수 없는 것이 바로 학자들과 함께 의학서를 집대성한 것인데요, 무려 365권 분량의 『의방유취』와 85권의 『향약집성방』을 펴냈답니다.

8 - 『신찬팔도지리지』라는 우리나라 지리서도 세종 때 편찬되었습니다. 안타깝게도 이 지리서는 편찬되었다는 기록만 있을 뿐 실물이 전해지지는 않아요. 다만 『세종실록』의 부록인 「지리지」가 전해지는데요, 여기에 울릉도와 독도에 대한 기록이 남아 있어 후대에 중요한 사료로 평가받고 있습니다.

9 - 공법이라고도 불리는 전분 6등법과 연분 9등법을 실시합니다. 이는 당시 과전법 체제하에서 어떻게 쌀을 거두어들이

느냐를 정하는 세법이라고 보시면 됩니다. 토지의 비옥도에 따라 전답을 6등급으로, 또 그해의 풍흉에 따라 9등급으로 나누어 그에 따라 세금을 부과한 것이에요. 백성의 부담을 줄이면서도 합리적으로 조세를 거두려는 세종의 현명함을 엿볼 수 있습니다.

10 - 마지막 시입(십)은 시계입니다. 세종의 곁에는 장영실이라는 과학 기술자가 늘 함께했지요. 그와 함께 정말 많은 발명품을 만드는데요, 해시계인 앙부일구, 물시계인 자격루가 대표적입니다.

하늘을 향한 가마솥이라는 뜻의 '앙부(仰釜)'와
해 그림자로 시간을 잰다는 뜻의 '일구(日晷)'를 합친 앙부일구

물이 일정량 모이면 쇠구슬이 굴러 스스로 소리를 낸 시간을 알려 주는 자격루

짧은 재위 기간, 문종과 단종

　세종이 죽고 조선의 5대 왕 문종이 즉위합니다. 문종은 조선 왕조 최초로 적장자로서 왕이 되었습니다. 정실부인에게서 난 맏아들이 왕이 된 첫 사례인 것이죠. 문종은 세자 생활만 30년을 하며 세종을 보필했습니다. 세자 시절에 강우량 측정기인 측우기의 발명을 도운 것으로도 유명하죠. 또 문종은 신기전과 같은 화차를 개발하고 『고려사절요』와 같은 역사서 편찬에도 힘씁니다. 하지만 안타깝게도 몸이 좋지 않아 즉위 2년 만에 세상을 떠납니다.

　그리고 문종의 어린 아들인 단종이 왕위에 오르죠. 그러나 단종은 삼촌인 수양 대군에게 왕위를 빼앗깁니다. 이 사건을 계유정난이라고 부르는데요, 계유정난(癸酉靖難)은 계유년에 일어난 난을 정리했다는 뜻입니다. 여기서 말하는 난은 수양 대군을 반대한 세력들이 일으킨 소동을 가리켜요. 사실상 본인들이 주도한 쿠데타이지만 명분을 위해 반대파인 김종서, 황보인 등에게 죄를 뒤집어씌운 것이죠. 결국 수양 대군은 한명회, 권람 등의 도움을 받아 조선의 7대 국왕 세조가 됩니다.

　세조는 아버지 세종이 만들었던 집현전을 없애 버립니다. 세조가 즉위하고 약 2년 후까지 선왕(단종)의 복위를 주장했던 신하들 대부분이 집현전 학자들이었거든요. 그래서 세조는 집현전을 아예 해산시켜 버린 것이죠. 그런데 이 과정에서 세조의 집권을 반대했다가 찬성으로 돌아섰던 집현전 학자가 있어요. 바로 신숙주이지요. 이름이 익숙하죠? 우리가 즐겨 먹는 반찬 재료인 숙주와 이름이 같습니다. 여기에는 흥미로운 설이 있습니다. 녹두 싹인 숙주나물은 밖에 잠깐만 두어도 금방 상해서 변해 버리는데, 단종 편이었다가 세조 편으로 변절한 신숙주의 이름을 이 나물에 붙였다는 이야기가 전해져요.

나도 강력한 왕권을 원해! 세조

세조의 왕위 찬탈에 큰 공을 세운 한명회, 권람 등은 이후 오랫동안 기득권을 유지합니다. 이미 태조 때부터 권력의 핵심이었던 훈구파가 계유정난을 통해 완벽하게 자리를 잡아 더욱 강력한 힘을 가지게 됩니다. 반대로 태조 때 조선의 건국을 반대했던 온건 개혁파와 세조 때 단종의 복위를 주장했다가 좌절해 낙향한 사대부들은 고향에서 유학 공부를 하고 후진 양성에 힘을 쏟으며 사림파로 성장하죠.

세조는 태종과 비슷하게 강력한 왕권을 만들기 위해 여러 정책을 실시합니다. 그중 대표적인 것이 아버지 세종의 의정부 서사제를 다시 할아버지 태종의 6조 직계제로 되돌린 것입니다.

앞서 말했던 집현전 해산과 더불어 왕과 신하가 함께 학문을 연구하며 왕이 신하로부터 정치적 자문을 구하는 경연이라는 제도도 폐지합니다. 또 수령을 보좌하고 향리를 감찰하던 향촌 자치 기구인 유향소도 폐지합니다. 유향소는 나라에서 만든 것이 아니라 낙향한 양반이나 전직 관리였던 사람들 혹은 중앙 관직에는 뜻이 없는 양반들이 만든 조직입니다. 그들은 자발적으로 좌수와 별감이라는 직책도 두었지요. 조선의 변호사인 '외지부'와 이야기꾼 '전기수'의 사랑을 다룬 사극 드라마「옥씨부인전」을 보면 외지부가 부패한 유향소의 좌수에 대항하는 이야기가 생생하게 그려진답니다. 아무튼 세조는 중앙 집권에 방해되는 사람들이 득세하는 꼴을 보고 싶지 않았기에 이 유향소도 폐지합니다.

　토지 제도로는 직전법을 실시합니다. 조선의 전통적인 토지 제도는 경기 지역에 한해서 전·현직 관리에게 수조권을 지급했던 과전법이 있었죠. 그러나 시간이 지나고 보니 이렇게 전직까지 모두 챙겨 주는 것은 국가 재정상 무리였어요. 그래서 이제는 현직 관리에게만 수조권을 지급하는 직전법이 시행된 것입니다. 또 같은 이유로 관리가 죽었을 때 그의 유가족에게 주었던 수신전과 휼양전도 폐지합니다. 집현전부터 시작해서 경연, 유향소, 수신전에 휼양전까지. 이쯤 되면 세조는 폐지의 아이콘이라고 해도 과언이 아닐 듯하지요.

그렇다고 세조가 폐지만 한 건 아니었습니다. 세조 때부터 국가 운영의 기본이 되는 법전인 『경국대전』을 쓰기 시작합니다. 완성은 세조 다음다음인 성종 때 되고요. 그리고 세조는 유교의 나라 조선과는 어울리지 않게, 또 수없이 많은 사람을 숙청한 것과도 어울리지 않게 독실한 불교 신자였다고 합니다. 수양 대군 시절부터 『석보상절』이라는 불경 해설서를 썼고, 왕이 된 후에는 간경도감이라는 기구를 두어 본격적으로 불교 경전을 간행했습니다. 현재 종로 탑골 공원에 있는 원각사지 10층 석탑도 세조 때 세워진 것이죠.

완성한 것이 참 많은 성종

세조의 맏아들인 의경 세자가 세자 시절 건강이 나빠 일찍 세상을 뜨자, 그의 동생이 왕위에 올라 예종이 됩니다. 그러나 예종도 즉위 13개월 만에 사망하죠. 결국 의경 세자의 둘째 아들이 조선의 9대 왕위에 오릅니다. 그가 바로 성종입니다. 성종(成宗)은 이름만큼 이룬 것이 많습니다. 조선의 대표 법전인 『경국대전』을 완성했다는 것은 우리가 반드시 알아야 할 성종의 가장 중요한 업적입니다. 참고로 조선의 법전은 시간이 흐르며 몇 차례 변화를 거치는데요, 이것 역시 매우 중요하지만 추후에 나오

대리석으로 만든 서울 원각사지 10층 석탑

면 말씀드릴게요.

그리고 성종 때는 세종 때만큼이나 많은 책들이 간행됩니다. 조선의 다섯 가지 의례에 대하여 규정한 『국조오례의』, 음악 서적인 『악학궤범』, 지리서인 『동국여지승람』, 서거정이라는 학자가 쓴 시문집인 『동문선』, 마지막으로 고조선부터 고려 말까지의 역사를 시간순으로 정리한 『동국통감』이 있습니다.

성종은 당시 기세가 하늘을 찌르던 훈구파를 견제하기 위해 사림을 적극적으로 등용했습니다. 그러면서 할아버지 세조가 없앴던 집현전을 잇는 새로운 학문 연구 기관을 세우죠. 바로 홍문관입니다. 왕과 함께 학문을 연구하고 왕에게 자문도 한 홍문관과 함께 간쟁과 봉박을 담당한 사간원, 관리 감찰 기구였던 사헌부는 삼사라 불리며 언론 기관의 역할을 수행하였습니다. 삼사 자리는 조선의 선비라면 누구나 가고 싶어 하는 핵심 관직으로 청요직(淸要職, 청렴함이 요구되는 중요한 직책)의 대명사이기도 했죠.

성종 재위 시기에는 토지 제도 운영 방식에도 변화가 생깁니다. 바로 관수 관급제를 실시한 것인데요, 말의 뜻을 풀어 보면 관(나라)에서 거두어서 관이 지급한다는 뜻이에요. 무슨 말일까요? 관리들에게 주어졌던 '수조권'은 관리들이 직접 농민들에게 세금을 거둘 수 있는 권리였습니다. 그런데 직전법의 시행으로 현직 관리만 수조권을 얻을 수 있게 되면서 폐해가 발생합니다. 물 들어올 때 노 젓는다는 말처럼 거둘 수 있을 때 왕창 거두려 한 거지요. 퇴직하면 더 이상 세금을 거두어들일 수 없으니까요. 관리들이 현직에 있을 때 세금을 무리하게 거두면서 부정부패가 심해진 것입니다. 그래서 나라가 나선 것이지요. 참고로 이는 세금을 거두는 운영 방식을 바꾼 것이지, 직전법이 폐지된 것은 아닙니다. 여전히 현직 관리는 백성이 내는 세금을 받을 수 있었습니다.

한 줄 코드

성종 재위 기간에 간행된 책들

국 악 동 동 동
조 학 국 문 국
오 궤 여 선 통
례 범 지   감
의   승
      람

사림, 네 번의 화를 입다

❶ 무오사화(연산군)

　성종 대부터 본격적으로 힘을 얻은 사림이 조정에 영향력을 행사하자 이를 못마땅하게 여긴 훈구 세력은 사림을 공격해 피해를 입힙니다. 이를 사림이 화를 입었다고 하여 사화(士禍)라고 해요. 조선 시대에는 네 번의 사화가 있었습니다. 그중 첫 번째 사화는 이미 세상을 떠난 사림인 김종직이 쓴 「조의제문」 때문에 일어납니다. 훈구 세력이 김종직의 제자인 김일손이라는 사관이 이 「조의제문」을 사초로 삼고 있다고 연산군에게 고한 것인데요, 이 글에는 대체 무엇이 담겨 있었기에 논란이 되었던 걸까요?

　이 글은 의제라는 초나라 왕의 죽음을 추모하며 쓴 글인데요, 의제는 신하인 항우의 손에 죽으며 왕위를 빼앗겼거든요. 뜨아!? 어디서 많이 들어 본 줄거리네요? 수양 대군이 단종을 몰아내고 왕위에 오른 사건과 구도가 비슷합니다. 「조의제문」은 세조를 은근슬쩍 비판하는 글이었던 것입니다. 그러니 연산군 입장에서는 자신의 증조할아버지인 세조를, 더 나아가서는 대를 이어 왕위를 물려받은 자신을 공격하는 이 글을 참을 수 없었던 것이지요. 그래서 사림들을 대거 숙청합니다. 이것이 훈구파의 고변으로 일어난 무오사화입니다.

❷ 갑자사화(연산군)

 조선 왕조에서 적장자가 왕이 된 사례는 생각보다 많지 않습니다. 문종, 단종, 연산군, 인종, 현종, 숙종, 순종 이렇게 총 7명 뿐인데요, 연산군은 성종의 맏아들이었습니다. 성종은 '주요순 야걸주'라는 별명이 있었다고 하죠. 낮에는 태평성대를 이룬 신화 속의 왕 요임금과 순임금 같지만 밤에는 하나라의 걸왕과 상나라(은나라)의 주왕처럼 술과 여자를 좋아했다는 이중적인 평가였죠. 성종은 여성 편력이 상당했고 궁의 여인들 사이에는 왕을 차지하려는 암투가 있었습니다.

 그러던 중 연산군의 어머니인 폐비 윤씨가 투기(妬忌)와 저주 행위로 인해 사약을 받고 죽는 일이 발생합니다. 성종은 이 일이 어린 연산군의 귀에 들어가지 않도록 100년간 함구하라는 지시를 내립니다. 그러나 세상에 비밀은 없죠. 왕이 된 후 연산군은 이 일의 내막을 알게 됩니다. 이에 분개한 연산군은 어머니의 죽음과 연관된 모두를 벌합니다. 이때는 사림뿐만 아니라 훈구들도 화를 입었다고 하죠. 이 사건이 갑자사화입니다.

❸ 기묘사화(중종)

패악을 일삼는 연산군의 폭정에 결국 반정이 일어납니다. 그렇게 연산군의 이복동생인 진성 대군이 왕위에 오르죠. 바로 11대 중종입니다. 중종도 사림을 등용하는데, 그중 조광조가 있었습니다. 조광조는 여러 개혁을 주장합니다. 우선 유학자답게 도교 관련 행사를 했던 소격서를 폐지할 것을 주장하죠. 그리고 훈구파의 미움을 제대로 사게 되는 두 가지 일을 진행합니다. 첫 번째는 현량과라는 인재 추천 제도입니다. 조광조가 자신과 뜻이 같은 사람들을 과거 시험을 거치지 않고 요직에 두기 위해 실시한 것이었죠. 과거 시험은 정기적으로 3년에 한 번 치러지는데, 현량과는 시간에 구애를 받지 않는다는 장점까지 있었으니 금상첨화였을 겁니다. 그리고 결정타가 된 두 번째는 위훈삭제를 주장한 것입니다. 거짓 위(僞), 공 훈(勳). 그러니까 거짓 공로를 삭제하자는 것인데요, 중종반정의 공신이라고 인정받은 사람들 중에 그 공이 부풀려진 이들이 있다는 주장이었습니다. 당연히 이 중에는 훈구파 인물들이 많았죠.

급기야 훈구파가 움직입니다. 주초위왕(走肖爲王) 일화를 들어 보셨죠? 주초(走肖) 두 글자를 합하면 조광조의 성인 조(趙)가 됩니다. 벌레가 나뭇잎을 갉아 먹었는데, 그 갉은 모양이 주초위왕, 그러니까 '조(趙)씨가 왕이 된다.'라는 뜻의 글이었다는 이야기 말이죠. 훈구파의 모략과 중종의 불신임으로 결국 조광조는 죽고 많은 사람들이 귀양을 가게 된 일이 바로 기묘사화입니다. 데뷔 초 제 유행어 중에 "그렇게 깊은 뜻이!"라는 것이 있었는데요, 당시 '주초위왕'이 새겨진 잎을 본 사람들은 이렇게 외쳤겠죠? "이렇게 기묘한 일이!"

❹ 을사사화(명종)

중종의 다음을 이은 인종은 조선의 왕 중 가장 짧은 기간 재위했습니다. 8개월. 그럼에도 불구하고 그의 가족 관계를 유심히 보셔야 하는데요, 선왕인 중종에게는 제1 계비인 장경 왕후와 제2 계비 문정 왕후가 있었습니다. 인종은 장경 왕후의 아들이었고요. 그러나 인종이 일찍 세상을 뜨면서 문정 왕후의 아들인 명종이 왕위에 오릅니다. 여기서 문제가 되는 것이 바로 외척 가문들입니다. 인종의 외가(장경 왕후의 가족)와 명종의 외가(문정 왕후의 가족) 사이에 불꽃 튀는 신경전이 생긴 거죠. 두 집안 모두 파평 윤씨 집안이기에 전자를 대윤, 후자를 소윤이라고 불렀습니다. 즉위했을 때 명종은 아직 열두 살밖에 되지 않아 문정 왕후가 수렴청정(왕대비나 대왕대비가 왕 대신 정사를 돌보는 일)을 했으니 덩달아 외척 소윤의 기세는 하늘을 찔렀죠. 그래서 자신들에게 방해가 되는 세력인 대윤 일파를 축출합니다. 이것이 을사사화이지요. 을사사화가 일어난 후 과천의 양재역에 "여주(女主)와 간신이 아직도 활개 치는 나라를 뒤집자!"라는 내용의 벽서가 붙습니다. 여기서 여주, 여자 주인은 문정 왕후를, 간신은 소윤을 뜻하는 것이죠. 여전히 대윤의 세력이 남아 있음을 안 소윤은 이를 계기로 잔당들을 발본색원하며 또 한 번 피바람이 불기도 했습니다.

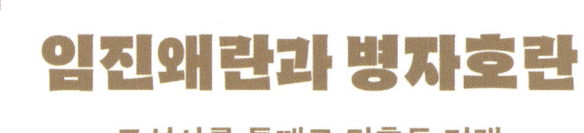

임진왜란과 병자호란
조선사를 통째로 뒤흔든 전쟁

붕당 정치의 시작

선조는 조선 최초의 서자 출신 왕입니다. 인종과 명종 모두 후사 없이 세상을 뜨면서 왕비가 아닌 후궁의 소생이 왕이 된 것이지요. 외척의 힘이나 정치적 세력 기반이 부족해 불안했던 선조는 사림들을 대거 등용합니다. 그리고 사림들은 인사권과 후임 추천권이라는 막강한 권력을 가지고 있던 이조전랑이라는 관직을 두고, 또 외척 세력인 척신들의 청산 문제를 어떻게 할지를 두고 크게 의견이 갈리죠. 그래서 정치적·학문적 입장이 비슷한 사람들끼리 파를 나누는데요, 율곡 이이를 계승한 후학들이 모인 서인과 퇴계 이황을 따르는 제자들이 모인 동인으로 갈립니다. 그렇게 벗 붕(朋), 무리 당(黨), 붕당 정치가 시작된 것입니다.

동인과 서인이 처음으로 크게 충돌하는 사건이 일어납니다. 동인 계열의 정여립이 대동계라는 모임을 결성해 세력을 확장해 나가자, 서인 쪽에서 그에게 죄를 뒤집어씌웁니다. 정여립이 역모를 꾸미고 있다며, 정여립과 관련이 있다고 본 수백 명의 동인들을 탄압한 것이죠. 이 사건을 기축옥사라고도 말합니다. 옥사(獄事)라는 말은 반역과 같은 큰일을 처리한다는 뜻으로, 이 일을 주도한 사람이 당시 서인의 대표였으며 「관동별곡」의 저자로 유명한 정철이었습니다. 물론 단어가 담고 있는 의미는 임금에게 보내는 전략적 의도가 다분하지만, 뛰어난 문학성으로 유명한 「관동별곡」의 작가인 송강 정철이 정치적으로는 상당히 무서운 사람이었다는 것이 놀랍지요?

그렇게 기세 좋던 서인도 된서리를 한 번 맞습니다. 건저의 사건 때문이었는데요, 건저의란 세자 책봉을 건의한다는 뜻으로 이해하시면 되겠습니다. 당시 선조도 적자인 대군이 없던 터라 세자 자리가 계속 비어 있었거든요. 그때 정철은 선조에게 세자 책봉을 속히 진행할 것과 세자로 광해군을 세울 것을 건의합니다. 그런데 이러한 행동이 선조의 미움을 산 것이죠. 선조는 광해군을 싫어했거든요. 그래서 정철을 삭탈관직합니다.

이는 임진왜란이 일어나기 1년 전의 일입니다. 이때는 정여립 모반 사건 때와는 반대로 서인이 힘을 잃고 동인이 득세합니다. 그리고 동인 안에서도 정철을 강하게 처벌하기를 바란 강경파인 북인과 상대적으로 온화한 입장의 온건파인 남인으로 나뉘게 되지요.

이후 광해군이 왕위를 차지했을 때 북인이 정국을 주도합니다. 임진왜란 당시 피해 다니느라 바빴던 아버지 선조와 달리 용감히 왜군에 맞서 싸웠던 광해군에게 큰 힘이 되어 준 의병장들 중 다수가 바로 북인 출신이었습니다. 하지만 광해군이 인조반정으로 폐위당하면서 북인은 분해됩니다. 그렇게 정계에는 서인과 남인이 남게 되는데요, 이 두 당파 간의 갈등도 이후 살벌하게 펼쳐집니다. 이것 역시 추후에 다시 살펴보시죠.

조선을 뒤흔든 전쟁, 임진왜란

임진왜란은 조선의 전기와 후기를 가르는 중요한 사건입니다. 임진왜란이 일어난 해인 1592년은 꼭 알아 두시면 좋습니다. "왜적들이 쳐들어왔는데, 이러고 있(일오구이)을 수 없다!"로 기억하면 절대 잊지 않으실 거예요. 그렇다면 가만히 '이러고 있'을 수 없었던 우리가 왜구의 침입에 어떻게 대처했는지, 임진왜란의 전개 과정을 크게 여섯 개의 키워드로 나누어 살펴보겠습니다.

부산진에서 벌어진 왜군과의 전투 장면을 그린 부산진순절도

❶ 초기 육전에서의 패배와 선조의 피난

왜군이 조선을 치려면 가장 먼저 올 곳은 부산이었겠지요? 왜는 부산진을 시작으로 안쪽의 동래성을 차례로 공격합니다. 그리고 조선군이 배수의 진을 친 곳으로 유명한 충주 탄금대까지 무너뜨리죠. 결국 선조는 의주로 피난까지 갑니다. 이렇게 갑작스러운 왜군의 공격에 속수무책으로 당하며 초기의 육전은 모두 패배하고 맙니다. 그러나 최후까지 항전한 부산진의 정발 장군, 동래성의 송상현 장군, 충주의 신립 장군의 이름은 우리 모두 기억합시다.

❷ 이순신의 한산도 대첩

육전과 다르게 해전에서는 조선이 대승을 거듭합니다. 바로 임진왜란의 영웅 이순신 장군이 있었기 때문이죠. 옥포, 사천, 당포, 한산도에서 활약을 하는데요, 이 중에 꼭 기억해야 할 전투

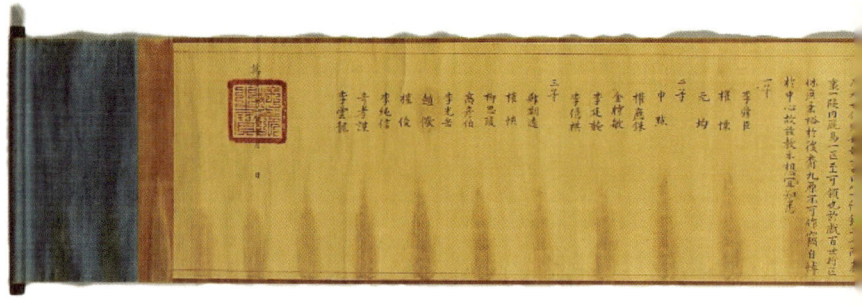

는 한산도 대첩입니다. 여기서 그 유명한 학익진 전법으로 크게 승리를 하거든요. 사천 해전도 눈여겨봐야겠습니다. 거북선이 이 전쟁에서 처음으로 출현했기 때문이죠.

❸ 김시민의 진주 대첩

바다에서 들려오는 승전의 소식들로 조선군의 사기는 오르기 시작합니다. 이런 좋은 분위기 속에서 김시민 장군이 진주성 싸움에서 또 한 번 큰 승리를 거둡니다. 이러한 공을 높이 산 선조는 전쟁 후에 김시민 장군의 공을 치하하는 교서를 내리는데요, 이 교서가 놀랍게도 2005년 일본의 경매 시장에서 발견됩니다. 일제 강점기 때 일본으로 우리 문화재가 유출된 것이죠. 그래서 당시 제가 출연했던 MBC 프로그램 「느낌표」에서 국민 모금 운동을 벌인 결과, 김시민 장군 교서를 환수해서 진주시에 돌려드렸습니다. 20여 년이 지났지만 그때의 기억이 지금도 생생합니

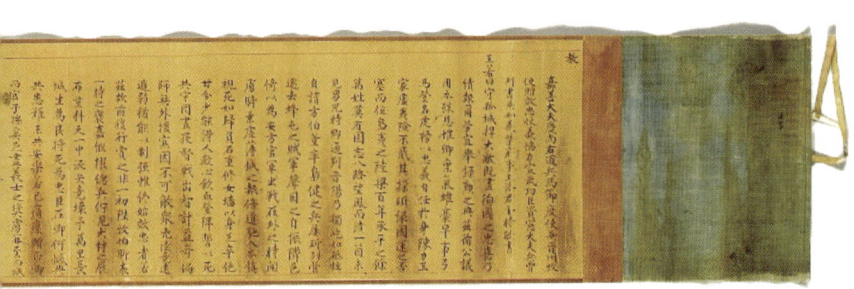

임진왜란 때 전공을 크게 세운 김시민 장군에게 내린 교서

다. 그러고 보니 제가 성인이 되어 한국사에 다시 관심을 갖게 된 것이 2017년 KBS 「천상의 컬렉션」이라는 프로그램을 했을 때보다 훨씬 전인 MBC 「느낌표」의 '위대한 유산 74434'를 진행할 때였다는 사실을 새삼 깨닫게 됩니다.

❹ **조명 연합군 활동 시작**

다시 임진왜란의 전개 과정으로 돌아가죠. 본래 일본이 주장한 전쟁의 목적은 정명가도(征明假道), 명을 정벌하기 위해서 필요한 길을 내어 달라는 것이었습니다. 말인즉 여차하면 명나라까지 공격당할 수 있는 상황이라는 거였죠. 이에 명나라는 군사를 보냅니다. 그렇게 조명 연합군이 왜군에 맞서 평양성을 탈환합니다.

❺ **권율의 행주 대첩**

한산도 대첩, 진주 대첩과 함께 임진왜란의 3대 대첩이라 불리는 행주 대첩에서 권율 장군이 큰 승리를 합니다. 이때 조선의 신무기인 화차와 비격진천뢰가 맹활약했지요.

❻ **정유재란**

이후 왜군은 힘이 빠질 대로 빠져, 전쟁은 교착 상태에 놓이고 휴전 협상에 들어갑니다. 하지만 일본이 제안한 비현실적인 조건에 협상은 결렬되고 다시 전쟁이 터집니다. 그것이 정유재란입니다. 원균이 칠천량 해전에서 대패하지만 이때도 우리의 이순신 장군은 기적을 만들어 내지요. "신에게는 아직 열두 척의 배가 남아 있습니다."라는 말로 유명한 명량 해전에서 300척의 왜군을 상대로 대승을 거두죠. 그리고 노량 해전까지 승리하며 일본과의 전쟁을 마무리 짓지만, 이 마지막 전투에서 이순신 장군은 전사합니다.

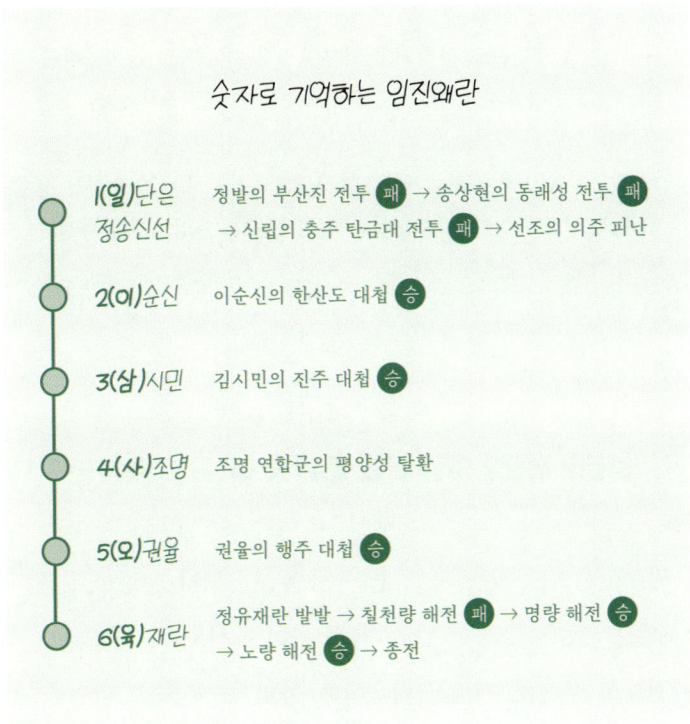

○ 전쟁의 영향을 받은 두 기구, 5군영과 비변사

세종 때 맺은 계해약조로 조선은 일본에 대해 삼포(부산포, 제포, 염포)를 개항했었는데요, 중종 때 이 삼포에서 무역 활동을 하고 있던 일본인들이 폭동을 일으킵니다. 이를 삼포왜란이라 하는데, 이때 변방을 방비하는 임시 기구인 비변사가 설치됩니다. 그러다 명종 때 왜구가 습격한 을묘왜변을 계기로 비변사는 상설 기구가 되고, 임진왜란을 거치고 나서는 국정을 총괄하는 최고 기구로 발전하기에 이릅니다.

군 조직에도 변화가 생기는데요, 임진왜란 중 『징비록』으로 유명한 유성룡의 건의로 훈련도감이 설치됩니다. 훈련도감은 포수, 사수, 살수 삼수병으로 구성되어 있으며 모두 직업 군인들이었어요. 이 중 제일 중요하게 여겨진 것은 포수였는데요, 당시 일본 조총 부대의 위력을 실감했기 때문이었죠. 훈련도감은 조선 후기, 수도 및 외곽을 방어하기 위해 설치된 5군영 중 가장 첫 번째로 생긴 것이고요. 인조가 어영청, 총융청, 수어청을, 숙종이 금위영을 차례차례 조직하면서 완성됩니다.

성군? 폭군? 이중적인 평가의 주인공, 광해군

광해군은 선조의 서자로 왕자 시절부터 워낙 총명하고 뛰어나 많은 이들의 칭송을 받죠. 특히 아버지 선조 때 일어난 임진왜란에서 정말 큰 역할을 했습니다. 아버지는 의주로 피난을 갔는데 광해군은 열심히 현장에서 싸워 전공을 세우기도 했습니다. 선조가 승하한 후 즉위한 광해군은 전쟁으로 인해 폐허가 된 나라를 다시 일으켜 세우는 데 총력을 다했습니다.

일단 큰 전쟁을 치르고 났으니 다쳐서 아픈 사람이 많았겠지요? 그래서 허준을 시켜 의학서인『동의보감』을 편찬하도록 합니다. 그리고 광해군의 가장 큰 업적이라고도 평할 수 있는, 공물 제도의 혁신을 일으킨 대동법을 시행했습니다.

백성은 나라에 세 가지 의무가 있었는데, 하나는 세금에 해당하는 조세 납부의 의무이고, 또 하나는 군사가 되어 나라를 지키거나 국가의 중요한 시설을 지을 때 필요한 노동력을 제공할 의무였으며, 마지막으로는 소속 지역의 특산물을 일정량 바치는 공납의 의무였습니다.

그런데 나라에 바쳐야 할 특산물인 공물의 종류가 다양하고 구하기가 까다로워 납부가 쉽지 않았습니다. 이에 하급 관리인 서리나 상인들이 백성을 대신해 공물을 나라에 바치고 백성에게서 말도 안 되게 높은 대가를 받아 낸 것이죠. 이러한 대납 행위는 점차 더 큰 폐단을 낳았습니다. 수령과 서리가 작당모의를 하는 거죠. 굳이 대납하지 않아도 되는 공물임에도 공납을 받는 관청에서 바로 받지 않고 꼭 서리들을 통해 대납하라 강요하는 식으로요. 이러한 현상을 공납을 방해했다고 하여 방납의 폐단이라고 말합니다.

이에 광해군은 특정한 공물 대신 소유하고 있는 토지의 결수에 따라 쌀 혹은 베나 동전으로 거두는 대동법을 실시합니다. 다만 토지를 많이 소유하고 있는 세력들의 반발도 만만치 않았기에 처음에는 경기 지역에 한해서 시작했습니다. 대동법을 실시함으로써 새롭게 등장한 직종도 있는데요, 바로 공인입니다. 공물을 다 쌀로 받기 시작했으니 관청이 필요한 특산품을 조달할 사람이 필요했겠죠? 그래서 이 공인들이 전국으로 물건을 사러 다닙니다. 이들은 조선 후기 상품 경제의 발달에 지대한 영향을 끼치죠.

대동법과 같은 훌륭한 업적이 있음에도 불구하고 광해군이 '군'에 머물고 폐위된 데에는 두 가지 큰 이유가 있습니다. 첫 번째로는 그의 중립 외교 정책입니다. 조선은 기본적으로 명에 사대하죠. 하지만 당시 명은 점차 지는 해였고, 후금이 새롭게 뜨는 해였습니다. 그러던 중에 명이 조선에게 함께 후금을 공격하자는, 일종의 파병 요청을 합니다. 광해군은 고민을 하죠. 명나라의 요구에 응하자니 후금은 너무 강하고, 그렇다고 사대하고 있는 명을 저버리자니 배은망덕한 일이고, 얼마 전 임진왜란 때 도움도 주었는데……. 결국 광해군은 묘한 결정을 해요. 강홍립을 시켜서 후금을 공격하러 가되 여차하면 바로 투항하도록 합니다. 이렇게 하면 명에게 성의는 보이면서 후금을 적으로 두지 않을 수 있으니까요. 그러나 사대주의를 중시하는 서인들이 볼 때는 광해군의 이런 결정이 큰 반발을 살 일이었죠.

그리고 광해군이 끝까지 왕의 자리를 지킬 수 없었던 두 번째 이유이자, 성군이 아닌 폭군이었다고 평가받는 이유는 그가 폐모살제(廢母殺弟), 즉 아버지 선조의 계비이나 자신보다 어렸던 인목 대비를 유폐하고 그녀의 아들인 영창 대군을 죽였기 때문입니다. 뒤늦게 태어난 선조의 적통인 영창 대군이 성장하면서, 장차 이복동생이 왕위 계승권과 관련해 위협이 될 것을 우려해 이런 일을 저지른 것입니다. 결국 이 일이 빌미가 되어 인조반정이 일어나 광해군은 왕위에서 물러나게 됩니다.

삼전도에서 굴욕적인 항복을 한 인조

인조는 광해군의 조카이자, 선조의 손자입니다. 서인이 주도한 반정으로 즉위했죠. 인조도 임진왜란이 끝나고 얼마 안 되어 왕이 되었기에 민생 안정을 위한 정책을 실시하는데요, 바로 영정법입니다. 영정법(永定法)은 말 그대로 영원히 정한다는 뜻입니다. 과전법 때는 1결당 보통 30두씩 냈던 조세를 공법(전분 6등법과 연분 9등법) 때 토지의 비옥도와 풍흉에 따라 차등적으로 거두었죠? 그러나 이마저도 전쟁이 휩쓸고 간 조선의 백성들에게는 너무 부담스러웠을 겁니다. 그래서 1결당 4~6두, 파격적인 세율로 고정해서 조세를 거둔 것입니다.

모든 반정에는 반드시 반정의 성공을 위해 힘쓴 공신이 있기 마련입니다. 그래서 반정 직후에는 각 신하들의 공을 헤아려서 이 사람이 1등 공신인지, 2등 공신인지 정하고 토지 등을 주는 논공행상(論功行賞, 공을 논해서 상을 행한다)이 이루어집니다. 그런데 여기에 '괄괄'거리며 불만을 가지고 난을 일으킨 사람이 있었으니 바로 이괄이라는 신하였습니다. 이괄의 난으로 인조는 공산성(지금의 공주)으로 피신까지 했었으나 결국 반란 세력은 관군에 의해 진압됩니다. 하지만 이괄의 잔당들은 후금으로 넘어가 조선 침략의 앞잡이 노릇을 하게 됩니다. 정묘호란을 부추긴 것이죠.

인조의 외교 정책은 어떤 방향으로 흘렀을까요? 당연히 광해군과는 반대되는 입장이었겠지요? 바로 명과 친하게 지내고 후금은 배척한다는 친명배금 정책을 실시합니다. 이에 후금이 조선을 침략한 정묘호란이 일어납니다. 인조는 급히 강화도로 피신하고요. 용골산성에서 정봉수가, 소위포에서 이립이 항전합니다. 결국 이 전쟁을 계기로 인조는 후금과 형제 관계를 맺지요. 한데 더욱 부강해진 후금이 나라 이름을 청으로 바꾸고 다시 조선을 공격합니다. 형제 관계가 아닌 군신 관계를 요구하면서요. 이것이 병자호란입니다.

정묘호란 때와 같이 강화도로 피신하려던 인조는 미리 수를 써 둔 청나라 군대에게 가로막혀 급하게 남한산성으로 피신합니다. 백마산성에서 임경업 장군이, 광교산 전투에서는 김준룡 장군이 정말 열심히 싸웠습니다. 그러나 코앞까지 쫓아온 청나라 군대를 어찌할 수가 없었죠. 결국 인조가 남한산성에서 나와 삼전도까지 가서 삼궤구고두례(三跪九叩頭禮, 세 번 무릎을 꿇고 아홉 번 조아리는 예)의 굴욕적인 항복을 하며 전쟁은 끝이 납니다. 이때 인조의 맏아들 소현 세자와 둘째 아들 봉림 대군이 청에 볼모로 끌려가죠.

삼전도의 굴욕 후 청 태종의 요구에 따라 그의 공덕을 적어 세운 삼전도비

북벌을 외친 효종, 그러나

청에서 돌아온 인조의 큰아들 소현 세자가 시름시름 앓다 세상을 뜨자 인조의 둘째 아들 봉림 대군이 왕위에 오릅니다. 그가 효종이지요. 효종(孝宗)은 이름처럼 효자였나 봅니다. 아버지의 원수를 갚고자 청에 대한 복수심을 불태우며 북벌 계획을 세웁니다. 효종은 이완, 송시열 등과 함께 군대를 훈련시키고, 군비를 확충하는 등의 노력을 했습니다. 그리고 북벌의 첫 시험으로 나선(러시아) 정벌에 나섭니다. 물론 러시아를 공격하게 된 것은 청나라의 파병 요청 때문이었지만, 두 차례에 걸쳐 조총 부대를 파견하며 북벌의 꿈을 키워 나갔죠. 그러나 효종이 재위 10년 만에 갑작스레 죽고 청나라가 중국을 통일하면서 북벌론은 물거품이 되고 맙니다.

조선 후기
엎치락뒤치락 정국 변동과 천재 왕의 등장

복상 기간 속에 숨겨진 힘겨루기, 예송

현종은 조선의 왕 중 유일하게 외국에서 태어난 사람입니다. 군대 안 보내려고 원정 출산을 한 게 아닙니다. 아버지인 봉림대군(효종)이 병자호란 후 청나라에 볼모로 잡혀가 지낼 때 태어났기 때문이죠.

선왕 효종의 갑작스런 죽음으로 급하게 정권이 교체되어 가뜩이나 정신이 없던 때에 조정은 예법에 대한 송사, 예송(禮訟) 논쟁으로 한바탕 더 시끄러워집니다. 현종의 할아버지이자 효종의 아버지인 인조가 말년에 결혼한 왕비가 있었는데요, 바로 자의 대비입니다. 그녀는 아주 어린 나이에 왕비가 되었기에 의붓아들인 효종보다도 젊었습니다. 앞서 살핀 인목 대비와 광해군 상황과 똑같았던 거죠. 그렇다 보니 효종이 죽었을 때에도

자의 대비는 너무너무 건강했습니다.

 이게 무엇이 문제였느냐고요? 효종의 죽음에 어머니인 자의 대비가 상복을 얼마나 오래 입어야 하느냐로 논쟁이 붙은 것입니다. 당시 사대부의 예법으로는 큰아들이 죽으면 그 어미는 3년, 큰아들이 아니면 1년 동안 상복을 입어야 했습니다. 효종은 큰아들이 아니었지요? 큰아들 소현 세자가 일찍 세상을 떠나 대신 왕위에 올랐으니까요. 이에 서인은 사대부의 예에 따라 상복을 1년 동안만 입어야 한다고 주장합니다. 그러나 남인은 나라의 최고 어른인 왕이 돌아가셨으니 장자의 예를 따라 3년 동안 입어야 한다고 맞섭니다. 이에 현종은 당시의 주류 세력이었던 서인의 손을 들어 줍니다. 이를 계기로 정국은 더욱 서인 위주로 흘러가게 되지요. 이를 기해년에 일어난 예법에 관한 송사라 하여, 기해예송이라고 부릅니다.

 한데 예송은 여기서 끝나지 않습니다. 효종이 죽고 15년 후 이번에는 효종의 비가 죽습니다. 그때까지 자의 대비는요? 역시나 살아 있었습니다. 그러니 효종 비의 죽음을 큰며느리가 죽은 것으로 볼지 둘째 며느리가 죽은 것으로 볼지 또다시 논쟁이 일어납니다. 서인은 여전히 사대부의 일반적인 기준으로 9개월을, 남인은 왕실의 권위를 중시하며 1년을 주장합니다.

 이번에는 현종이 남인의 손을 들어 줍니다. 아버지 효종이 세상을 뜰 때만 해도 현종은 매우 어렸습니다. 하지만 15년간 재위하며 머리가 큰 현종에게 계속해서 자신의 부모님을 내리깎는 서인의 주장이 탐탁지 않았겠죠. 이 갑인예송으로 인해 정국의 주도권은 남인에게로 넘어갑니다. 그런데 여러분, 혹시 기해예송과 갑인예송의 공통점을 발견하셨나요? 둘 다 현종 때 일어난 예송인 것 말고요. 바로 두 번 다 상복 입는 기간은 1년이 채택되었다는 것입니다.

세 번의 정치판 뒤집기, 숙종

숙종은 현종의 적장자 외아들입니다. '숙종' 하면 여러분은 어떤 이미지가 제일 먼저 떠오르시나요? 많은 분들이 장희빈의 남자로 기억하고 계실 겁니다. 드라마의 단골 소재로 워낙 자주 나오니까요. 숙종은 왕비가 셋이나 있었지만 왕비를 통한 후사가 없었습니다. 그래서 후궁들 사이에서 나온 아들이 후대 왕들이 되지요. 희빈 장씨의 소생이 경종, 숙빈 최씨의 아들이 영조가 됩니다.

적장자가 없는 궁 안에서 왕실 여인들을 둘러싼 권력 다툼이라니, 이 얼마나 좋은 이야깃거리입니까?! 그렇다 보니 미디어에서 숙종의 이미지는 이 여자 저 여자에게 '휘둘리며' 줏대 없이 살아가는 갈대 군주의 모습인 경우가 많았습니다만, 실상 숙종(肅宗)은 이름에 엄숙할 숙(肅) 자를 쓸 만큼 상당히 카리스마 있게 권위를 '휘두른' 왕이었습니다.

우선 방납의 폐단으로 고통받던 백성들을 위해 광해군 때 경기 지역에 한해 시행했던 대동법을 전국으로 확대합니다. 또한 조선과 청나라 사이의 국경을 확실히 하기 위해 백두산정계비를 세우고, 경제 발전의 밑거름이 되는 화폐, 상평통보를 전국적으로 유통시킵니다. 고려 숙종 때도 활구, 해동통보, 삼한통보 등이 발행되었지요. 조선이든 고려든 숙종 하면 '돈'입니다.

또 강력한 왕권을 지향했던 숙종은 서인과 남인을 자신의 손바닥 위에 올려 두고, 마음 내키는 대로 한쪽을 내치고 한쪽을 기용하는 노련한 정치를 했습니다. 이렇게 순간순간 주도 세력의 국면이 바뀌는 것을 환국(換局)이라고 합니다. 숙종 재위 기간에만 총 세 번의 환국이 있었는데요, 그때마다 어느 세력이 내쳐지고 어느 세력이 득세했는지도 헤아려 보겠습니다.

❶ **경신환국**

숙종 재위 초기의 집권 세력은 갑인예송 때부터 권력을 이어 온 남인이었습니다. 그러다 일이 나는데요, 남인을 견제하고 있던 숙종에게 남인의 영수 허적이 빌미를 제공한 것입니다. 이른바 유악 사건으로, 궁중에는 비가 오면 쓰는 천막인 유악이 있었습니다. 이건 왕만 쓸 수 있었는데요, 당시 영의정이었던 허적이 허락도 없이 집안 잔치를 위해 이 유악을 가져간 것입니다. 이에 분노한 숙종은 허적과 윤휴 등의 남인 세력을 축출하고 서인을 등용하는 등의 조치를 취하지요. 이때 정계를 장악한 서인은 내부에서 강경파 노론과 온건파 소론으로 또 한 번 나뉠 조짐을 보입니다. 경거망동한 신하, 허적의 유악 사건으로 남인이 물러난 이 사건을 경신환국이라고 합니다.

❷ 기사환국

두 번째 환국은 궁녀 출신이었던, 흔히 장희빈이라 불리는 후궁 장씨가 아들을 낳으면서 시작됩니다. 당시 숙종에게는 인현왕후라는 정비가 있었는데 아이가 없었거든요. 그러던 중 후궁에게서라도 아들이 생겼으니 숙종은 이 아이를 원자로 책봉하고자 합니다. 이에 서인은 반대합니다. 정비인 인현 왕후가 아직 젊고, 곧 아이를 낳을 수도 있으니 섣부른 판단이라는 것이었죠. 그러나 숙종은 자신의 주장을 관철하고자 반대하는 서인을 숙청하고, 이 과정에서 서인의 영수 송시열에게 사약을 내려 죽게 합니다. 이 사건이 인현 왕후가 폐위되고 아들을 낳은 희빈 장씨가 중전으로 등극하는 기사환국입니다.

❸ 갑술환국

놀랍게도 환국은 여기서 그치지 않습니다. 5년 후에, 인현 왕후가 복위됩니다. 그럼 희빈 장씨는 어떻게 되었을까요? 숙종의 특기, 사약 내리기의 희생자가 됩니다. 그리고 기사환국 때 사사되었던 송시열의 지위는 복구되지요. 이것이 세 번째 환국, 갑술환국입니다. 정말 정신없이 확확 바뀌지요. 정리하면, 인현왕후와 송시열은 서인, 희빈 장씨는 남인 계열이기 때문에 각 사건 때마다 함께 오르고 내린 것이었다고 보시면 되겠습니다.

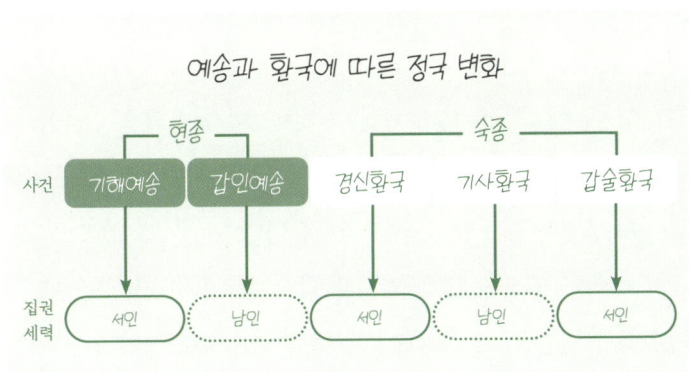

붕당은 그만, 탕평 정치를 시작한 영조

 희빈 장씨의 아들로 숙종의 뒤를 이었던 경종은 금방 세상을 뜹니다. 그리고 다음으로 숙종과 숙빈 최씨 사이에서 태어난 영조가 왕위에 오릅니다. 영조는 노론 세력을 등에 업고 왕이 되었는데요, 이때 반대편에서 경종을 지지하던 소론 세력 이인좌가 "일인자는 경종이야, 영조 당신은 이인자잖아!" 하며 난을 일으킵니다. 이를 이인좌의 난이라 하죠. 반란은 진압되고 이를 계기로 소론 세력과 남아 있던 남인 세력까지 모두 몰락하게 됩니다. 앞서 살펴보았듯 호떡 뒤집는 것도 아니고, 계속 바뀌는 정국과 서로를 끌어내리기 바쁜 정치판 속에서 후대 왕들은 붕당 정치에 환멸을 느꼈겠지요? 그래서 영조와 그다음 왕인 정조는 탕평 정치를 실시합니다. 인재들이 당파를 가리지 않고 공평하게 융화되어 나랏일을 할 수 있도록 한 것이지요.

 영조는 붕당 자체를 인정하지 않았습니다. 사림 중에 직접 나서지 않고 뒤에서 영향력을 행사하던 '산림'들도 부정했습니다. 그리고 이 산림들의 세력 확장 본거지였던 지방의 서원들을 대폭 정리하지요. 또 국립 대학 성균관 안에 탕평비를 세워 유생들에게 당쟁을 해소할 것을 강조했습니다.

 이 밖에도 영조는 많은 업적을 남기는데요, 먼저 태종 때 설치했다가 연산군 때 사라진 신문고를 다시 부활시킵니다. 아들

영조가 『논어』의 구절을 재구성하여 친서하고 비석으로 만든 탕평비

사도 세자에게는 잔인하리만큼 가혹한 아버지였던 영조는 백성들의 안락한 삶을 위해서는 많은 애를 씁니다. 홍수로 범람이 잦았던 청계천을 정비하기 위해 준천사를 설치해 청계천 준설 작업을 합니다. 백성들의 세금 부담을 줄여 주기 위한 노력도 아끼지 않았습니다. 당시 군역을 면제받기 위해서 내야 했던 군포의 양을 2필에서 1필로 줄이는 균역법을 실시했지요. 균역법 실시로 줄어든 재정을 보충하기 위한 대책으로 지주들에게 세금을 부과하는 결작, 돈 많은 양인들에게 선무군관이라는 명예직을 주고 세금을 걷는 선무군관포, 어장과 염장 및 선박에 세금을 부과하는 어염선세를 신설했습니다.

영조는 국가 체제를 재정비하고 이를 명문화하는 작업도 진행했습니다. 『경국대전』의 부족한 부분을 보충하고 개정한 『속대전』, 『국조오례의』의 개정판 『속오례의』, 백과사전인 『동국문헌비고』를 정리했습니다.

조선 후기 지니어스 왕, 정조

정조는 영조의 아들이 아닌 손자이죠. 그의 아버지는 영조의 명으로 뒤주에 갇혀 죽은 사도 세자입니다. 비운의 왕세손이었던 정조이지만 그는 정말 똑똑하고 어진 성군으로 조선의 르네

상스를 이끌었습니다.

정조 역시 탕평책을 실시합니다. 하지만 영조와 달리 붕당을 인정했습니다. 대신 어느 당파의 주장인지에 상관없이 시시비비를 명백하게 가려서 합리적인 의사 결정을 내린 쪽의 손을 들어 주는 준론 탕평책을 펼쳤습니다. 영조의 완론 탕평과 비교가 되지요.

정조가 그렇게 할 수 있었던 것은 기본적으로 명석한 데다가 끊임없이 공부하고 연구하여 박학다식했기 때문인데요, 그런 이유로 정조는 신하들의 교육에까지 직접 나섭니다. 37세 이하의 젊은 문신들을 재교육하는 초계문신제를 실시하면서 때에 따라선 정조가 직접 교육하기도 했답니다. 대학생 때 했던 과외를 비롯해 최근 복지관 어르신들을 대상으로 진행한 한국사 강의까지, 저도 해 봐서 아는데요, 누군가를 가르치려면 정말 공부를 많이 해야 하거든요. 정조는 문신들의 스승이 되기에 충분한 왕이었던 겁니다. 초계문신제를 통해 배출된 대표적 문신이 바로 정약용입니다.

또 창덕궁에 규장각이라는 기구를 설치해서 인재들과 함께 학문을 갈고닦으며 정책을 연구했습니다. 총명함은 기본이요 인간미까지 넘쳤던 정조는 이 규장각에 서얼 출신이지만 능력 있는 문신들을 등용합니다. 첩의 자식인 서얼은 과거 시험의 문과에 응시할 자격조차 없을 정도로 차별받던 시대에 말이죠. 이때 정조에 의해 규장각 검서관으로 등용된 이들이 박제가, 유득공, 이덕무, 서이수입니다. 이 서얼 출신 4인방은 조선 후기를 대표하는 학자로 성장합니다.

왕권을 위한 군사력을 키우는 데에도 힘쓴 정조는 장용영이라는 국왕 친위 부대를 따로 두기도 합니다. 장용영은 내영과 외영이 있는데 내영은 한성을 지켰고요, 외영은 정조가 아버지 사도 세자를 기리는 동시에 자신의 정치 이상을 실현하기 위해 만든 계획 도시, 수원 화성을 지켰습니다. 수원 화성을 지을 때 큰 역할을 했던 거중기와 아버지 사도 세자의 무덤을 향한 행차 때 대규모 행렬이 한강을 건널 수 있도록 만든 배다리가, 정조의 단짝 정약용의 작품이었다는 것은 너무나 유명한 이야기이지요.

팔방미인 정조는 경제 정책 또한 소홀히 하지 않는데요, 대표적인 예가 신해년에 발표한 통공 정책, 신해통공입니다. 당시 한양의 시장은 크게 관의 허락을 얻어 상업 활동을 하는 시전과 그렇지 못한 비공식 상인 난전으로 나눌 수 있었습니다. 그리고 시전 상인들에게는 난전의 상업 행위를 제한할 수 있는 권리, 금난전권(禁亂廛權)이 있었습니다. 정조는 금난전권이 자유로운 상업 활동에 방해가 되는 조치라고 판단합니다. 그래서 신해통공을 통해 과감하게 시전 상인의 금난전권을 폐지한 것입니다. 단, 시전 상인 중 육의전에게는 여전히 금난전권이 주어졌지요.

정조가 사도 세자의 무덤인 현륭원에 행차했을 때를 그린 병풍 중
배다리로 한강을 건너는 장면

정조 재위 기간 중에는 다양한 종류의 서적들도 편찬됩니다. 성종 때 『경국대전』, 영조 때 『속대전』에 이어 법전인 『대전통편』, 외교 문서집 『동문휘고』, 경제서인 『탁지지』 등이 그것이죠. 심지어 무예에도 능했던 정조는 자신의 신변은 스스로 지킬 수 있어야 한다며 신하들에게도 무예 수련을 강조합니다. 그러면서 무예 훈련 교범인 『무예도보통지』를 편찬합니다. 또 정조는 세손 시기부터 왕이 된 이후까지 자신의 국정에 대한 기록을

일기로 남겼는데요, 개인의 일기로 시작된 『일성록』이라는 문서는 국정 일기가 되어 후대 왕들에게까지도 이어졌습니다. 『일성록』은 오늘날 유네스코 세계 기록 유산으로 등재되어 세계인의 인정을 받는 기록물이 되었습니다.

아버지가 비참하게 죽어 가는 모습을 눈앞에서 볼 수밖에 없었던 가여운 세손이 수많은 업적을 남겨 후대에 귀감이 되는 군주로 성장했던 걸 보면, 어두웠던 과거가 장래의 성공에 꼭 걸림돌이 된다고는 할 수 없는 것 같습니다. 힘들게 출발할 수밖에 없는 많은 이들에게 정조는 희망을 주는 왕입니다.

소수 가문의 권력 독점, 세도 정치의 시작

비 온 뒤에 쨍쨍한 햇볕이 내리 쬐듯, 맑은 하늘 끝에는 비바람이 몰아치기도 하지요. 1800년, 성군 정조가 갑자기 승하한 후 조선은 순식간에 난장판이 됩니다. 안동 김씨, 풍양 조씨와 같은 소수의 외척 가문이 번갈아 정계를 장악하며 나라를 뒤흔듭니다. 그렇게 순조, 헌종, 철종 3대에 걸쳐 60여 년간 세도 정치가 펼쳐집니다.

순조는 정조의 둘째 아들로, 11세의 나이에 즉위했습니다. 왕이 너무 어리다 보니 영조의 계비인 정순 왕후가 수렴청정을 하게 되지요. 그리고 순조의 장인인 안동 김씨 가문의 김조순이 권력을 독점하게 됩니다. 또 헌종은 순조의 손자로 8세, 조선의 왕 중 가장 어린 나이에 즉위했는데요, 상황이 선왕인 순조와 비슷하죠? 헌종의 경우에도 순조의 정비이자 헌종의 할머니인 순원 왕후 김씨가 6년간 수렴청정을 하고, 헌종이 친정하게 된 후부터는 헌종의 어머니인 신정 왕후 조씨 가문이 권력을 쥐고 나라를 흔들어 댑니다. 그러다 헌종도 22세의 나이에 요절하자, 세도 가문들은 자신들의 기득권을 계속 유지해 나가기 위해 조종하기 쉬운 다음 왕을 찾습니다. 그러다 정조의 아버지였던 사도 세자의 서자의 손자인, 사실상 왕실과는 멀리 떨어져 지내고 있던 철종을 왕으로 앉히죠. 엉겁결에 왕이 된 철종은 힘이 없는 꼭두각시 왕에 불과했습니다. 이때도 순조의 비인 순원 왕후 김씨가 수렴청정을 했으며, 철종의 왕비인 철인 왕후의 집안인 안동 김씨가 조정을 쥐락펴락했죠.

삼정의 문란으로 살기 힘들어진 백성들

세도 가문들은 임진왜란 후 국정 최고 기구가 된 비변사와 군사 조직인 5군영을 장악하고 부정부패를 일삼습니다. 이 과정에서 백성들의 삶의 질은 나락으로 떨어지죠. 당시 백성들을 특히나 힘들게 했던 것이 바로 삼정의 문란입니다. 삼정은 전정, 군정, 환곡을 말합니다. 전정의 문란은 토지와 관련한 것으로, 세도 가문들이 교활하게 자신들의 땅을 면세지로 만들거나 숨깁니다. 그러니 자연스럽게 부족한 세수를 모두 농민들이 부담하게 된 것이죠. 군정의 문란은 16세 이상의 양인 남성이 내야 하는 군포를 어린아이나 이미 죽은 사람 앞으로도 부과한 것입니다. 만약 세금을 견디다 못한 백성이 도망을 가면 그 친척이나 이웃에게 부담을 안기는 관행도 큰 병폐였습니다. 마지막 환곡의 문란은 원래 빈민 구제를 위해 설치한 대부 제도인 환곡에서 시작되었습니다. 이 제도가 고리대금업으로 변질되어 불법 징수, 이중 징수, 이자율 인상 등의 교묘한 방법으로 농민들을 괴롭힌 것입니다.

 참다못한 백성들은 봉기를 일으킵니다. 순조 때는 홍경래·우군칙의 난이 일어났는데요, 평안도 사람이었던 이들은 서북 지방에 대한 차별과 세도 정치의 여러 모순에 불만을 품고 난을 일으키죠. 한때 이 반란군들은 청천강 이북을 점령하기도 했지만, 결국 정주성에서 관군에게 진압당하게 됩니다. 철종 때는 유계춘이라는 몰락 양반의 주도 아래 진주 지역의 농민들이 탐관오리 백낙신의 패악질에 항거합니다. 이 움직임은 충청도, 전라도까지 퍼졌고, 임술년에 일어났다 하여 임술 농민 봉기라 부릅니다. 백성들의 이 한 맺힌 포효에 결국 정부는 진상을 파악하기 위해 지방 사건 처리 관리인 안핵사를 파견합니다. 이때 파견된 사람이 『열하일기』로 유명한 박지원의 손자 박규수입니다. 박규수는 이 모든 문제의 원인은 삼정의 문란에 있다고 보았고, 그의 건의에 따라 삼정을 바로 세우기 위한 관청인 삼정이정청이 설치됩니다.

구세주 급구! 새로운 종교의 확산

세상이 어지러워지면 사람들은 평범하지 않은 것에 눈길을 주고 귀를 기울이게 되죠. 이 시기에 『정감록』과 같은 미래 예언서가 유행하고 외래의 종교가 퍼지기 시작합니다. 또 17세기 초 서학이라는 학문으로 조선에 들어온 천주교는 종교적 믿음이 되어 백성 속으로 스며듭니다.

그러다 순조 1년에 대규모 천주교 탄압인 신유박해가 일어나는데요, 이승훈, 정약종이 처형당하고 정약용은 유배를 가게 되죠. 이때 조선의 상황을 알리고자 황사영이 북경에 편지를 써요. 지금 조선에서 천주교도들이 몰살당하고 있으니 프랑스에 이 사실을 전해 진압해 달라는 내용이었죠. 하지만 이 계획이 들통나면서, 황사영 백서 사건에 연루된 많은 이들도 처형당합니다. 그리고 헌종 12년에는 우리나라 최초의 천주교 사제인 김대건 신부가 처형당하는 병오박해가 일어나기도 합니다.

  외래 종교만 유입된 것이 아니라 나라 안에서도 새로운 종교가 생겨났습니다. 철종이 집권하던 시기, 몰락 양반 출신인 경주 사람 최제우가 새 종교를 창시합니다. 유교, 불교, 도교, 민간 신앙이 한 데 어우러진 이 종교는 서학과 대비된다는 뜻에서 동학이라 이름 지어졌습니다. 그러나 혹세무민(惑世誣民, 세상을 어지럽히고 백성을 속임)의 죄로 교주 최제우는 처형당하죠.

흥선 대원군의 개혁 정치

  철종의 뒤를 이어 고종이 12세의 나이에 즉위합니다. 왕대비나 대왕대비의 수렴청정을 받았던 선대 어린 왕들의 나이와 비교해 보면 고종 역시 만만치 않게 어렸기에 즉위 후 약 10년간 그의 친아버지인 흥선 대원군이 섭정을 합니다.

  이때 흥선 대원군은 무너진 왕권을 회복하기 위해 과감한 개혁 정책들을 실시합니다. 먼저 집권 세력들의 힘을 회수하기 위해 세도 가문들의 온상이었던 비변사를 혁파하고 의정부와 삼군부의 원래 기능을 부활시키죠. 또 양반들의 세력 기반이자 각종 폐단이 난무했던 유생들의 사학 기관인 서원에 칼을 들이댑니다. 그 결과 당시 존재했던 600여 개의 서원 중 단 47개만 남고 모두 문을 닫습니다. 영조가 서원을 정리했다면 흥선 대원군은 거의 철폐시킨 것이죠. 또 숙종 때 송시열의 유언에 따라 만들었던, 명나라 의종과 신종의 제사를 지내기 위한 사당인 만동묘도 없앱니다.

또 왕실의 위엄을 되살리기 위해 임진왜란 때 불타 버린 조선의 법궁 경복궁을 재건하기 시작하는데요, 이로 인해 백성과 양반, 모두의 원성을 사게 됩니다. 재건 비용 마련을 위해

흥선 대원군 이하응의 초상

원납전(願納錢)을 징수했는데 원래 뜻은 '원해서 납부하는' 돈이었지만 사실상 강제로 거두었던, '원망하며 납부한' 기부금이었기 때문이죠. 이 외에도 재정난 회복을 위해 가치가 상평통보의 100배인 당백전을 발행했지만, 화폐 가치가 폭락하고 물가가 상승하는 대혼란만 야기했습니다. 게다가 양반들 가문의 묘지에 있는 나무들을 벌목해서 경복궁의 건축 자재로 쓰고, 중건 공사에 백성들을 마구 동원하면서 양반, 서민 할 것 없이 모두의 엄청난 불만을 모으고 만 것이지요.

경복궁 중건 과정에서 치명적인 과실을 저질렀지만 흥선 대원군의 커다란 공로로 인정되는 일이 있는데요, 바로 민생 안정을 위해 삼정의 문란을 해결하고자 노력했다는 점입니다. 먼저 전정의 문란을 해결하기 위해 양전 사업을 실시하여 양반들이 신고 안 하고 몰래 감추고 있었던 토지를 찾아냅니다. 그리고 거기에 세금을 부과해 백성들의 부담을 줄여 준 것이죠. 또 군정의 문란으로 죄 없는 백성들이 세금 폭탄을 맞았잖아요? 이에 흥선 대원군은 호포제(戶布制)를 실시합니다. 말 그대로 집마다 군포를 내게 한 것이에요. 사람이 기준이 아니라 집이 기준이 되어 버리니, 원래 군역을 면제받았던 양반들도 집이 있으면 군포를 내야 했던 것이죠. 상대적으로 양인 백성들의 부담은 줄어들게 되었던 겁니다. 또 변질된 환곡 제도를 해결하기 위해 관이 아닌 민간에서 자치적으로 운영하는 빈민 구휼 제도인 사창제(社倉制)를 실시합니다.

모양이 이상한 배가 조선 앞바다를 차지하다

조선 바다에 서양의 배, 이양선(異樣船)이 출몰하는 등 서양 세력이 동쪽을 점령하려는 움직임을 보이자 흥선 대원군은 이에 대항하는 외교 정책으로 통상 수교 거부 정책을 내놓습니다. 여기서 통상은 무역, 수교는 외교적 관계를 뜻하는데요, 말 그대로 무역도, 외교 관계도 다 안 맺겠다는 뜻이죠.

그럼에도 이내 본격적으로 외세와의 충돌이 일어납니다. 그 시작은 1866년에 일어난 병인박해였습니다. 러시아의 남하로 위협을 느끼고 있던 흥선 대원군은 러시아를 어떻게 견제할까 고민하다가, 당시 조선에 와 있던 프랑스 선교사와 협의해 문제를 해결해 보고자 했습니다. 그러나 교섭은 실패했고, 성리학적 질서와는 정반대되는 교리를 퍼뜨리는 프랑스 선교사와 수많은 천주교도들이 처형당합니다. 이 사건이 바로 병인박해였죠.

이 소식이 프랑스에 전달되어 프랑스 함대가 조선에 쳐들어올 채비를 하던 때, 대동강에는 미국의 상선 제너럴셔먼호가 침범합니다. 이 배의 선원들이 통상을 요구하며 대포를 쏘고 민간인들을 살해하자 당시 평안 감사 박규수(반가운 이름이죠? 임술 농민 봉기 때 안핵사로 파견된 사람입니다)와 평양의 관민들이 크게 저항하죠. 제너럴셔먼호를 불태우고 선원들을 살해합니다.

이로부터 몇 개월 후 병인박해를 문제 삼아 프랑스 제독 로즈가 이끄는 함대가 강화도로 쳐들어옵니다. 이것이 병인양요이지요. 이에 양헌수 장군은 정족산성에서, 한성근 장군은 문수산성에서 최선을 다해 싸웠습니다. 결국 수세에 몰린 프랑스군은 퇴각하는데요, 그 과정에서 강화도의 외규장각에 보관되어 있던 도서들과 왕실 행사의 기록물인 의궤를 약탈해 갑니다.

이런 와중에 1868년에는 독일 출신의 상인 오페르트가 덕산 (지금의 예산)에 있는 남연군의 묘를 도굴하려다 실패하는 사건이 일어납니다. 그런데 이 묘의 주인인 남연군은 바로 흥선 대원군의 아버지였습니다. 아버지의 묘까지 건드리는 외국인들이 흥선 대원군은 더더욱 싫어졌겠죠? 이 사건을 계기로 조선은 더욱 굳게 문을 닫습니다.

제너럴셔먼호 사건이 일어나고 5년 후인 1871년, 미군 함대가 제너럴셔먼호 사건의 배상을 요구하면서 강화도에 쳐들어옵니다. 이 사건이 신미양요지요. 이때 어재연 장군이 광성보에서 항전했지만 패하고 미군은 어재연 장군의 수자기를 약탈해 갑니다. 수자기는 장수를 뜻하는 '수(帥)' 자가 새겨진 깃발로 지휘관의 본영에 꽂아 두는 것입니다. 광성보를 점령하고 깃발까지 빼앗기는 했으나 조선의 결사항전에 대응하느라 너무 많은 화력을 소비한 미군은 더 이상의 작전을 이어 갈 수 없어 결국 철수합니다.

이렇게 두 차례에 걸쳐 서양 열강의 침략과 약탈을 겪은 흥선 대원군은 꼭 다문 조개 입처럼 비집고 들어갈 틈조차 허락하지 않습니다. 그러면서 외세에 결코 문을 열지 않겠다는 조선의 의지를 비석에 새기게 합니다. 종로 네거리, 강화도를 포함해 전국 각지에 척화비를 건립하죠. 척화비 마지막에는 주화매국(主和賣國)이라고 적혀 있는데요. "화친을 주장하는 것은 나라를 팔아먹는 것이다."라는 뜻이죠.

미군이 전리품으로 가져간 어재연 장군의 수자기

한 줄 코드

 박해부터 척화비 건립까지 순서는 이렇게 외워 봅시다!

유병제가 **병**이 **오신 척**한다
<small>신</small>

박해 / 인박해 / 너럴셔먼호사건 / 인양요 / 미양요 / 페르트도굴사건 / 화비건립

7부
근대

발전을 이루며 찬란했던 조선의 영광은 빛을 잃고, 우리의 역사는 이제 근대로 접어듭니다. 많은 분들이 근대사는 답답하고 암울해서 좋아하지 않으실 겁니다. 마음도 아프고 화도 나니까요. 그래도 그런 암울한 시기를 정확히 알아야 합니다. 그래야 다시는 그 전철을 밟지 않을 테니까요. 또 우리 조상들이 이 힘든 시기를 어떻게 잘 버티고 이겨 냈는지를 배워 두어야 앞으로 우리에게 닥칠 어려움도 잘 헤쳐 나가지 않겠습니까? 그러니 각오를 새롭게 하고 1876년 개항부터 1945년 광복 직전까지의 역사를 살펴봅시다.

개항 반대! 위정척사파 vs 받아들이자! 개화파

서원과 만동묘를 철폐하고 양반에게도 군포를 걷었으며 양전 사업으로 기득권 세력들의 숨은 땅들을 찾기도 한 흥선 대원군. 유생들은 그를 어떻게 생각했을까요? 사사건건 마음에 들지 않았겠죠? 그래서 최익현은 흥선 대원군의 하야를 요청하는 상소를 올리기도 합니다. 그렇게 10년간의 섭정이 막을 내리고 1873년부터는 고종의 친정 체제로 바뀌게 됩니다.

한편, 조선에 계속해서 열강들이 접근해 옵니다. 유생들은 두 입장으로 나뉩니다. 우리도 옆 나라 일본처럼 외국에 문호를 개방하자는 통상 개화파와 '바른 것을 호위하고 사악한 것(외세)을 배척해야 한다'는 위정척사파가 그 두 분파였죠.

통상 개화를 주장한 사람들로는 임술 농민 봉기 때 안핵사로

위정척사파의 대표 인물 최익현

파견되었으며 병인양요 때는 평안 감사였던 박규수, 역관 출신으로 해외 문물에 긍정적이었던 유홍기, 오경석 등이 있습니다. 위정척사파 인물들은 10년 단위로 구분 지을 수 있습니다. 1860년대 기정진, 이항로 등이 척화주전론(斥和主戰論, 화친을 배척하고 전쟁을 주장한다)을, 1870년대 최익현 등이 왜양일체론(倭洋一體論, 일본과 서양 세력은 똑같다)을 주장하며 개항에 반대했죠. 최익현은 '도끼를 들고 대궐 앞에 꿇어 앉아 척화를 주장하는 상소'라는 뜻의 지부복궐척화의소를 올리며 일본과의 강화도 조약 체결에 극렬히 반대하기도 했습니다. 1880년대에는 미국과의 조약이 체결되려고 하자 이만손 등 영남 지방의 유생 1만 명이 개화에 반대하는 상소를 올리기도 했죠. 이를 영남만인소라 부릅니다.

> 미리 보는 주요 사건 연도
>
> 일본이 강제로 체결한 **칠육**(치욕)스러운 불평등 조약
> ☞ 강화도 조약: 1876년
>
> "**팔이**(빨리) 밀린 월급 제대로 줘!"
> ☞ 임오군란: 1882년
>
> "급진 개화 반대하는 사람들은 **팔**(빨)리 **사**(싸)!"
> ☞ 갑신정변: 1884년
>
> "러시아가 내려온다고? **팔오**(바로) 거문도 점령"
> ☞ 거문도 점령 사건: 1885년

첫 근대적인 조약이자 불평등 조약, 강화도 조약

1875년, 강화도에 일본의 군함 운요호가 들어옵니다. 일본은 자신들이 외세에 문호를 개방하고 침탈당한 방식을 그대로 조선에 적용했던 것인데요, 이것을 포함 외교라고 합니다. 군함을 몰고 다른 나라로 가서 위협한 다음, 상대가 싸움에 응하면 항전하다가 너희가 우리에게 피해를 끼쳤으니 문을 열어야 한다는 식의 전략이죠. 그렇게 1876년 강화도 조약, 정식 명칭으로

는 조일 수호 조규가 체결됩니다.

강화도 조약의 주요 내용은 첫 번째로 조선이 자주국임을 천명한 것인데요, 여기서 자주국이라는 말의 함정에 빠지면 안 됩니다. 이 말은 오랜 시간 청에 사대했던 조선을 자주국이라 칭하면서 청과 조선을 분리하고, 장차 일본이 조선을 차지하겠다는 아주 시커먼 속내가 담긴 말이니까요. 그리고 부산과 더불어 두 개의 항구를 추가로 개항할 것(그래서 나중에 원산항과 인천항이 열리죠), 해안 측량권과 치외 법권을 요구합니다. 강화도 조약은 조선이 최초로 외국과 맺은 근대적 조약이었다는 의미가 있는 동시에 안타깝게도 일본 쪽으로 이익이 몰린 불평등한 조약이었습니다.

같은 해에 강화도 조약의 부록과 무역 규칙이 차례로 확정됩니다. 조일 수호 조규 부록의 주요 내용은 부산을 포함한 개항장 세 곳의 10리 안에서만 무역 활동을 할 수 있다는 제한을 둔 것과 일본 화폐를 유통할 수 있다는 것이었어요. 이 '개항장 10리 제한' 때문에 호황을 맞은 직종도 있습니다. 바로 개항장과 내지 사이를 자유자재로 다니며 물건을 운반하고 파는 보부상과 개항장 근처에서 숙박, 중개, 금융업을 하던 객주, 여각이었죠. 이어서 확정된 조일 무역 규칙에서는 무관세, 무항세, 무제한 곡물 유출을 규정합니다. 참고로 규칙 문서에 '무관세'라고 명시된 것은 아니고요, 아예 관세에 관한 규정 자체를 두지 않았기 때문에 무관세로 무역을 하게 된 것입니다. 무제한 곡물 유출 또한 반출할 수 있는 곡물의 양을 따로 정하지 않았기에 한없이 허용될 수 있었던 것이죠.

미국과의 수호 조약 체결과 사신 파견

이왕 나라 문을 열었으니 잘해 보자는 의미로 조정은 개화 정책을 총괄하는 기구를 만듭니다. 그것이 1880년에 설치된 통리기무아문입니다. 이 기구 밑에는 실무를 담당하는 조직 12사를 두었죠. 그리고 수신사라 하여 일본으로 사신도 파견하는데요, 1차 수신사로는 김기수가 강화도 조약을 맺은 직후 다녀옵니다. 김기수는 일본의 발전된 문물을 시찰하고 기록한 책 『일동기유』를 쓰기도 하죠. 1880년에는 2차 수신사로 김홍집이 파견됩니다(참고로 김홍집은 앞으로도 네다섯 번은 더 나오게 될 겁니다).

영국 신문에 그림으로 실린 요코하마에 도착한 수신사 김기수와 그 일행

일본으로 떠난 김홍집이 조선으로 다시 돌아올 때 책 한 권을 가지고 오는데, 이 책이 정말 중요합니다. 바로 청나라 사람 황쭌셴이 쓴 『조선책략』이라는 책으로 이게 조선에 큰 파장을 일으키거든요. 책의 내용이 어땠길래 문제가 된 걸까요? 저자는 조선이 남하하는 러시아를 견제하기 위해 중국과 친하게 지내고, 일본과 교류를 맺어야 하며, 미국과 연결되어야 한다고 주장했습니다. 이 중에 포인트는 미국과 연결되어야 한다는 것이었는데요, 사실 조선과 미국은 신미양요를 겪으며 틀어질 대로 틀어진 사이가 아니겠어요? 그런데 미국과 연결이라니! 이 책을 본 위정척사파가 가만히 있었겠습니까? 그래서 영남 지역의 유생 1만 명이 단체로 상소를 올린 영남 만인소가 있었던 것입니다.

반대 여론에도 불구하고 1882년 조선은 미국과도 수교를 맺습니다. 그렇게 체결된 조미 수호 통상 조약은 서양과 맺은 최초의 조약으로, 가장 눈에 띄는 조항은 바로 '최혜국 대우'입니다. 말인즉 조선이 다른 나라와 맺은 조약 중에 미국과의 조약보다 더 좋은 혜택이 있다면 자동으로 미국도 최고의 혜택을 받을 수 있다는 뜻이었죠. 또 '거중 조정' 한다는 내용도 있는데요, 이것은 제3국과의 일이 있을 때 서로 나서서 조정해 주겠다는 의미였습니다. 하지만 시간이 흐른 뒤, 미국이 이 약속을 배반하고 일본과 은밀히 거래를 하는 일이 벌어집니다. 그건 그때 가서 다시 이야기할게요. 마지막으로 조미 수호 통상 조약에는 강화도 조약에는 없었던 관세 조항이 있다는 사실도 중요합니다.

　조선의 조정은 계속해서 해외에 사신들을 보내 선진 문화와 기술을 습득하도록 합니다. 1, 2차 수신사에 이어 일본으로는 박정양, 어윤중이 조사 시찰단이라는 바뀐 이름으로 파견됩니다. 위정척사파의 반대가 신경이 쓰여 암행어사 같은 느낌으로 조용히 사신을 보낸 것이죠. 청나라에는 영선사라는 이름으로 보냅니다. 영선사 김윤식은 청나라의 근대식 무기 제조법과 최신식 군사 훈련법을 배우고요. 비록 돈이 모자라서 일찍 귀국하지만, 돌아오자마자 기기창이라는 기구를 만들어 신식 무기를 제조하는 데 힘씁니다. 미국으로는 답례로 방문한다는 뜻의 보빙사가 갔어요. 조미 수호 통상 조약 이후 유길준, 서광범, 민영익, 홍영식이 미국으로 건너가 체스터 아서 대통령을 접견하기도 했죠.

이대로는 못 참아! 임오군란

❶ 원인

　통리기무아문에서 실시한 개화 정책 중에는 영선사, 보빙사와 같은 사신 파견뿐만 아니라 신식 군대의 창설도 있었습니다. 그렇게 만들어진 부대가 특별한 기술을 가진 군대라는 뜻의 별기군입니다. 당시 조선 정부는 일본인 교관이 지도하는 별기군에는 엄청난 대우를 해 줬습니다. 반대로 기존의 군사 조직은 5군영에서 무위영, 장어영 2영으로 축소하는 등 구식 군인들을 차별했습니다. 그러다 결정적으로 구식 군인들의 월급을 무려 13개월이나 지급하지 않는 일이 벌어집니다. 설상가상으로 1년 1개월 만에 한 달 치 봉급으로 받은 쌀에 겨와 모래가 섞여 있었죠. 구식 군인들은 폭발합니다. 그것이 바로 1882년 임오년에 군인들이 일으킨 난, 임오군란입니다. 차별에 분노한 군인들이 시작한 이 난은, 일본의 선 넘는 곡물 유출로 쌀값이 상승해 더욱 먹고살기 힘들어진 하층민들까지 합세하면서 세력이 더욱 커집니다. 반란군들은 궁궐은 물론 쌀을 지급하는 관청인 선혜청과 일본 공사관까지 습격했죠.

❷ 진압

이 일로 고종의 왕비 민씨(훗날의 명성 황후)는 재빠르게 궁을 떠나 피신하고 흥선 대원군이 컴백합니다. 복귀한 흥선 대원군은 별기군을 폐지하고 5군영을 부활시키는 등 반란군의 분노를 잠재우고자 나름 노력했습니다. 그사이 민씨 가문은 청나라에 연락을 해서 진압을 요청하죠. 결국 청의 군대가 반란군을 단번에 정리하고 흥선 대원군을 납치해 가요. 그런데 여기서 끝이 아니었습니다. 난 진압을 계기로 청나라는 본격적으로 조선의 정치에 간섭하기 시작하죠. 군사 고문으로 위안스카이, 외교 고문으로는 친청 독일인인 묄렌도르프, 내정 간섭 고문으로 마젠창이 조선에 파견됩니다.

❸ 조청 상민 수륙 무역 장정

청의 내정 간섭이 본격화되면서 청나라와도 조청 상민 수륙 무역 장정을 체결하는데요, 이것은 이름만 보아도 어떤 내용인지 힌트를 얻을 수 있습니다. 조선과 청나라 양국(조청)의 상민들이 물가와 육지(수륙) 어느 곳에서든 무역이 가능한 장정이라는 뜻이죠. 그러니까 이전에는 개항장 10리 안에서만 가능했던 무역 활동을 이제는 내지에서도 할 수 있다고 허용한 것입니다. 강화도 조약, 조미 수호 통상 조약에는 없던 내지 통상 조항이 생기면서, 이제 양화진, 한성까지 외국의 상인들이 직접 들어와 무역할 수 있게 된 것이죠. 이 조항에 눈물지을 사람들이 있었겠죠? 바로 보부상, 객주, 여각 등의 중간 상인들이었습니다.

❹ 제물포 조약

임오군란 때문에 조선은 일본과 제물포 조약을 맺습니다. 갑자기 일본이랑은 왜 조약을 맺었는지 의아하실 텐데요, 반란군이 일본 공사관을 공격했지 않았습니까? 또 일본인 교관도 살해했거든요. 그러니 일본이 배상금과 공사관에 일본군 경비병을 주둔할 수 있도록 해 줄 것을 요구한 것이죠. 이것이 최초로 일본군이 조선 땅에 주둔하게 된 계기가 됩니다. 또 조일 통상 장정도 조인되는데요, 여기서는 그동안 없던 관세를 규정하고, 방곡령 규정도 만듭니다. 방곡령은 지금처럼 계속 자유롭게 곡물을 유출하되 식량 부족 사태가 일어났을 때는 지방관이 한 달 전에 미리 통보하여 반출을 금지할 수 있는 조항이었죠. 대신에 일본에게도 최혜국 대우를 줍니다. 그리하여 이제 한성 길거리에는 청나라, 일본, 미국 상인들이 자유롭게 돌아다니게 됩니다. 자연스럽게 우리 전통 상인들이 어마어마하게 피해를 받았죠. 그래서 조선의 영세한 상인들은 상권 수호를 위해 대동 상회, 장통 회사와 같은 상회사를 설립합니다.

3일 만에 끝난 갑신정변

❶ 개화파의 두 갈래

개화파도 방향성에 따라 온건 개화파와 급진 개화파, 두 파로 갈립니다. 온건 개화파는 정신적인 바탕은 여전히 동양의 것을 지키면서 기술적인 것만 서양의 것을 받아들이자는 동도서기론을 주장합니다. 중체서용(中體西用, 중국의 유교 문화를 바탕으로 서양의 과학과 기술을 도입하자)을 주장했던 중국의 양무운동과 흡사하지요. 대표적인 온건 개화파 인물로는 2차 수신사로 가서 『조선책략』을 들여온 김홍집, 영선사로 파견되어 기기창을 설치한 김윤식이 있습니다. 반면에 급진 개화파는 '정신 따로 기술 따로'는 있을 수 없다며 문명개화론을 주장합니다. 개화당이라고도 부르는 그들의 롤 모델은 일본의 메이지 유신이었죠. 김옥균, 박영효, 홍영식으로 대표되는 이 급진 개화파가 온건 개화파가 꽉 잡고 있던 조선 정부와 청에 대항하여 일으킨 정변이 바로 갑신정변입니다.

❷ 정변의 진행과 결과

갑신정변의 주역들

갑신정변이 일어나기 전의 분위기를 먼저 살펴볼까요? 임오군란 이후 청의 간섭은 더 심화됩니다. 청으로부터의 독립과 서구식 근대화를 주장하는 개화당의 김옥균은 부족한 개화 자금 조달을 위해 일본으로부터 차관을 도입하려 애씁니다. 하지만 실패하지요. 개화당의 입지가 계속 좁아지고 있던 그때, 청나라가 프랑스와의 전쟁 때문에 조선에 있던 청군을 전쟁터인 베트남으로 보냅니다. 청나라 군대의 경계가 허술해진 상황에서 일본 측이 개화당의 계획에 협조하겠다는 약속을 하죠. 우정총국 개국 축하연 날을 디데이로 잡은 급진 개화파는 반대 세력들을 방화와 암살로 제압하는 정변을 일으키고 개화당 정부를 수립합니다.

개화당은 14개조의 개혁 정강을 발표합니다. 어떤 것들이 있는지 살펴보면, 청나라로 납치되었던 흥선 대원군을 송환한다는 내용이 먼저 눈에 띕니다. 또 재정과 관련된 모든 일을 호조에서 관할케 한 후 그 밖의 재무 관청은 모두 혁파합니다. 그리고 땅과 관련된 세금 제도를 개혁하는 지조법 실시, 보부상에게 특혜를 주었던 혜상공국을 혁파한다는 내용도 들어 있습니다. 그런데 쉽게 믿기지 않는 내용이 하나 있습니다. 바로 문벌을 폐지하고 평등권을 제정하자는 것입니다. 급진 개화파 인사들은 대부분 고관의 자제들이었습니다. 그런 그들이 기득권을 포기하고 평등한 사회를 만들기 위한 혁신을 주장한 것이지요.

하지만 청나라 군대의 개입과 협조를 약속했던 일본의 배신으로 급진 개화파들의 꿈은 3일 만에 물거품이 됩니다. 결국 정변의 주동자들은 체포되어 옥에 갇히거나 죽고, 운 좋게 살아남은 사람은 외국으로 망명합니다. 정변을 주도한 대부분이 상류층 자제들이기에 위로부터의 개혁이었다는 점은 의미 있게 평가되지만, 일본의 지원에 의존했고, 토지의 균분과 같은 내용이 없어 민중의 지지를 크게 받지 못한 점이 갑신정변의 한계였다고 할 수 있습니다.

❸ 갑신정변이 남긴 것들

임오군란 후 일본, 청과 각각 제물포 조약, 조청 상민 수륙 무역 장정을 맺었듯, 갑신정변이 끝난 후에도 조약들이 이어집니다. 먼저 조선과 일본 사이에 한성 조약이 체결됩니다. 일본은 배상금과 함께 망가진 일본 공사관을 신축할 비용을 요구하지요. 또 청나라와 일본 사이에는 톈진 조약이 체결됩니다. 양국이 군대를 철수시키는 대신 다음에 또 파병하게 될 때는 서로 통보한다는 약속을 담은 것이죠. 이 톈진 조약을 근거로 10년 후 동학 농민 운동 때 양국의 군대가 다시 만나게 됩니다.

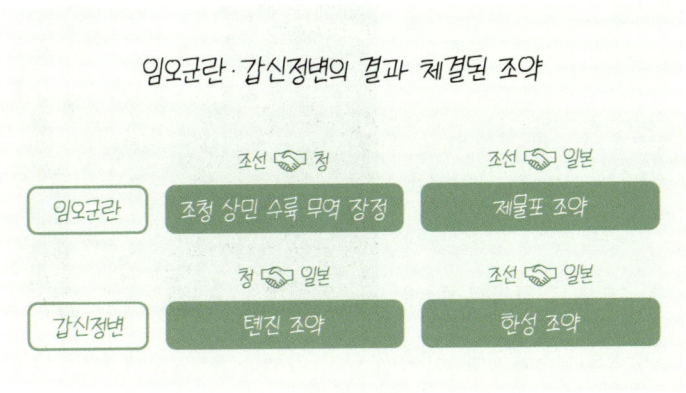

거문도 점령 사건과 조선 중립화론

임오군란과 갑신정변을 연이어 진압한 청의 콧대는 하늘 높은 줄 모르고 올라갑니다. 조선에 대한 청의 간섭이 극심해지죠. 조선 조정은 이러한 청을 견제하기 위한 대책으로 러시아와 수호 통상 조약을 맺었을 뿐 아니라, 고종은 러시아와 따로 비밀 협약까지 진행합니다.

조선 땅에서 친러의 분위기가 스멀스멀 올라오자 러시아의 움직임에 촉각을 곤두세우고 있던 서양 열강들이 움직이기 시작합니다. 그중 하나가 영국이었습니다. 안 그래도 영국은 조선을 두고 일본과 신경전을 벌이고 있던 터라 러시아까지 끼어드는 건 두고 볼 수 없었죠. 그래서 1885년 여수와 제주도 중간 지점에 있는 섬인 거문도를 불법으로 점령합니다.

이렇듯 조선을 차지하려는 외세의 수가 점점 늘어나자 조선 중립화론이 대두됩니다. 우리나라 최초

조선 중립화론을 주장한 유길준

의 미국 유학생으로 보빙사, 조사 시찰단으로도 참여했던 학자 유길준과 독일 영사 부들러를 중심으로 조선이 서구 열강에게 의존하지 않고 중립 국가로서 자주적으로 행동해야 한다는 주장이 대두된 것이죠. 하지만 이 주장은 조선 정부에 받아들여지지 않습니다. 더불어 거문도를 점령했던 영국은 청의 중재로 점령 2년 만에 군대를 철수합니다.

조선 최대 민중 항쟁, 동학 농민 운동

❶ 원인

1894년에는 한국사에서 잊히지 않을 중요한 일들이 많이 일어납니다. 그중 하나가 동학 농민 운동이죠. 갑신정변 이후 10년간 조선을 손아귀에 넣으려는 외세의 침탈이 본격화됩니다. 특히 백성들을 가장 심하게 괴롭혔던 것은 일본의 양곡 무제한 유출이었습니다. 일본은 조선의 곡식을 제한 없이 가져가고 값싼 일본의 면제품을 들여와 팔았습니다. 이로 인해 조선의 쌀값은 폭등하고 상인들은 살길을 잃고 맙니다. 백성들의 식량 부족 문제를 타개하고자 함경도와 황해도에서는 방곡령을 실시하기도 하는데요, 과연 잘 이뤄졌을까요? 아니요. 조일 통상 장정에서 방곡령을 내릴 때는 한 달 전에 미리 일본에 예고하기로 한 조항이 있었어요. 이것에 발목을 잡힙니다. 조선의 관리가 규정을 어겼다며 오히려 일본이 배상금을 요구하기까지 했습니다. 또 난세에는 내부에도 적이 있기 마련이라, 이 와중에 탐관오리들은 횡포와 학정을 일삼으며 백성들을 더욱 고통스럽게 했습니다.

동학의 2대 교주 최시형

이때, 농민들의 아픔을 달래 주었던 것이 바로 동학이었습니다. 혹세무민의 죄로 처형당한 1대 교주 최제우에 이어 등장한 2대 교주 최시형은 교단을 정비하기 시작합니다. 먼저 교도들을 체계적으로 관리하기 위해 포접제를 실시합니다. '포'와 '접'이라는 조직을 구성해 여러 포 밑에 또 여러 접을 두는 식으로 관리한 것이지요. 또『동경대전』이라는 경전과『용담유사』라는 가사집도 정리했습니다.

그렇게 서서히 세력을 키워 가던 동학교도들이 본격적으로 목소리를 내기 시작합니다. 그 첫걸음이 1892년 전라도 삼례와 1893년 충청도 보은에서 있었던 집회였습니다. 이들을 통해 1대 교주 최제우의 억울함을 풀고 동학을 합법화하기 위해 교조(敎祖) 신원(伸寃) 운동을 벌입니다.

❷ 고부 농민 봉기

1894년 초 동학 농민 운동의 직접적 원인이 된 사건이 터집니다. 바로 고부 군수 조병갑의 갑질을 견디다 못한 농민들의 봉기이죠. 조병갑은 농민들을 강제 동원시켜 만석보라는 저수지를 만들게 하고 저수지 사용료를 백성들에게 착취하는 등 패악을 일삼던 소위 최악의 탐관오리였습니다. 이에 '녹두 장군' 전봉준을 비롯한 20여 명이 거사를 계획합니다. 이때 주모자가 드러나지 않도록 사발통문을 돌렸다는 얘기는 참 유명하지요. 1천여 명의 봉기에 놀란 정부가 빠르게 조병갑을 해임시키고 신임 군수를 내려 보내겠다고 약속하자 농민군은 자진 해산합니다. 그리고 정부는 사태 수습과 조사를 위한 안핵사로 이용태를 파견했는데요, 이 사람이 또 아주 문제였습니다. 실태를 조사하고 농민들의 억울함을 풀어 주라고 했더니 오히려 동학교도들을 탄압한 겁니다. 이용태는 조병갑보다 더한 녀석이었던 거죠. 그래서 농민군은 백산 지역에서 다시 모였습니다. 그렇게 제1차 동학 농민 운동이 일어납니다.

❸ 제1차 동학 농민 운동

"나라를 돕고 백성을 편하게 하며, 폭정을 제거하고 백성을 구한다." 보국안민(輔國安民)과 제폭구민(除暴救民)을 기치로 내건 농민군은 정말 잘 싸웠습니다. 관군을 상대로 황토현, 황룡촌 전투에서 크게 승리하죠. 이 기세를 몰아서 한양으로 가는 길목에 있는 전주성도 점령합니다. 열세에 몰린 정부는 또 청나라에 파병을 요청합니다. 그런데 여러분, 정확히 10년 전 갑신정변 후에 청과 일본이 맺은 조약 기억하시나요? 조선에 파병할 때 상대국에 통보해야 한다는 조항이 있었던 톈진 조약이요. 이 조약에 의거하여 일본군도 조선에 들어오게 됩니다. 농민군은 당황합니다. 우리 땅에 외국 군대가 둘씩이나 들어와 간섭하는 상황을 원했던 게 아니었으니까요. 결국 농민군은 급하게 정부와의 화해를 추진하죠. 전주 화약을 맺고 농민들은 자치 기구인 집강소를 설치하고 폐정 개혁안을 발표했으며, 조선 정부는 교정청을 만들어 개혁을 지원할 준비를 합니다. 폐정 개혁안 중에는 갑신정변 개혁 정강에는 없었던, 백성들의 삶과 직결되는 토지의 균등 분배, 과부의 재가 허용 등 실질적이고 구체적인 대안들이 담겨 있었습니다.

❹ 제2차 동학 농민 운동

정부와 농민군이 화해의 약속까지 했으니 청과 일본의 군대가 곱게 돌아가고 마무리되면 좋았으련만, 일본은 경복궁을 점령해 버립니다. 그리고 동시에 청나라를 공격해 청일 전쟁이 발

서울 보신각 공원 건너편에 세워져 있는 녹두 장군 전봉준의 동상

발하지요. 경복궁 점령 소식을 들은 동학 농민군, 당연히 참을 수 없었겠지요? 그래서 1차 때 참여한 전봉준의 남접뿐만 아니라 후에 동학의 3대 교주가 되는 손병희가 이끄는 북접까지 논산에 모입니다(요즘도 청년들이 나라를 지키러 갈 때 많이들 논산 훈련소에 모이지요).

이렇게 제2차 동학 농민 운동이 시작됩니다. 탐관오리의 학정에 항거하는, '반봉건' 운동이었던 1차와는 달리 2차는 국왕이 살고 있는 경복궁을 점령한 일본을 몰아내자는 '반외세'적 성격이 강했습니다. 그러나 아무리 수가 많고 기세가 하늘을 찔렀어도 이들은 군인이 아닌 농민이었고, 무기는 총과 칼이 아닌 낫과 괭이였습니다. 최신식 무기와 전략으로 무장한 관군과 일본군의 연합에 농민군은 속수무책으로 당합니다. 결국 경복궁 문 앞에 가 보지도 못하고, 공주 우금치에서 혁명의 막이 내려집니다. 지도자 전봉준 장군이 체포되고 수많은 농민들이 학살됩니다. 백성들의 삶에 실질적 도움이 되는 개혁의 꿈도 다음을 기약하게 되지요. 참으로 안타까운 순간이었습니다.

쏟아지는 개혁 사이에 왕비가 살해당하다

❶ 제1차 갑오개혁

일본이 경복궁을 점령하고 청일 전쟁을 일으킨 그 시기에 조선 정부에서는 일본의 주도 아래에 제1차 갑오개혁이 실시됩니다. 본격적으로 개혁을 해야 하니 이를 주관하는 기구가 있어야겠지요? 그래서 설치된 기구의 이름은 군국기무처입니다. 2차 수신사로 일본에 파견되었다가 『조선책략』을 들고 돌아왔던 사람 기억나시죠? 네, 바로 김홍집이 내각의 책임자가 됩니다.

김홍집 내각은 국가 제도를 하나하나 바꿉니다. 미리 말씀드리면 제1차 갑오개혁의 키워드는 '폐지'라고 해도 될 정도로 악습, 악제들을 싹 없애 버리는 데 집중합니다. 고려 광종 때 시작되었던 과거제가 1,000여 년 만에 폐지되고, 공사 노비제가 완전히 혁파됩니다. 자연스레 신분제가 폐지되지요. 또 죄인의 가족에게까지 연대 책임을 지게 했던 연좌제도 폐지됩니다. 그 밖에도 고문과 조혼을 금했으며 과부의 재가를 허용했습니다. 연호도 사용하기 시작했는데요, 중국의 연호가 아닌 조선의 개국을 기준으로 해를 셌습니다. 또 왕실 업무와 정치 업무를 분리하고자 왕실 업무만 전담하는 궁내부를 설치했고, 6조를 8아문으로 나누는 개편도 이때 있었지요.

갑신정변 개혁 정강 내용 중에서 호조로 재정을 일원화한다는 거 기억나세요? 제1차 갑오개혁 때 이 내용이 반영됩니다. 단, 이때는 6조가 8아문으로 바뀌었으니, 호조가 아닌 탁지아문에서 돈과 관련된 업무를 모두 맡게 됩니다.

❷ 제2차 갑오개혁

청일 전쟁의 승기가 일본 쪽으로 기울고 있을 즈음에 제2차 갑오개혁이 실시됩니다. 1차 때는 김홍집 단독 내각이었죠. 2차에는 박영효가 합세한 연립 내각이 개혁을 이끌었고, 고종이 청으로부터의 자주 독립과 근대적 정부 운영 방안 등의 내용을 담은 개혁 강령인 홍범 14조를 발표합니다. 그리고 의정부 8아문 체제를 내각 7부로 바꿉니다. 군사권에 사법권까지 가지고 있던 지방관들의 권한도 축소하는데요, 전국 8도를 23부로 세분하고 재판소를 따로 설치합니다. 지방관의 강력한 권한이었던 재판권이 사라진 것입니다. 또 근대적 교육 제도 확립을 위해 교육입국 조서를 발표하고 한성 사범 학교를 설치합니다. 또 궁궐을 수호하는 군사 조직인 훈련대, 시위대가 창설되었습니다.

❸ 을미사변

예상과 달리 청일 전쟁에서 일본이 승리합니다. 큰 전쟁이 끝나면 반드시 패전국이 승전국에게 어떠한 배상을 할지 등을 담은 조약을 체결하지요. 그렇게 조인된 시모노세키 조약에는 조선이 자주 독립국임을 인정하는 내용(다시 말하면 청은 이제 조선에서 손을 떼는 뜻이죠)과 랴오둥반도와 타이완 땅을 일본에게 넘긴다는 약속이 담겼습니다.

그런데 이 랴오둥반도가 문제가 됩니다. 꾸준히 만주와 조선

영국 신문에 실린 청일 전쟁에서 승기를 잡은 일본군이 개선문을 지나고 있는 모습

을 노리고 있던 러시아로서는 일본이 랴오둥반도를 차지하는 것이 매우 불편했죠. 러시아는 프랑스, 독일을 끌어들여 일본에 랴오둥반도가 할양되는 것을 저지하려 합니다. 그래서 러시아, 독일, 프랑스 대표들이 일본 정부를 찾아가 일본의 랴오둥반도 차지는 아시아의 평화를 깨뜨리는 일이라며 간섭합니다. 이를 삼국 간섭이라고 하죠. 세 강국을 한꺼번에 상대하기에는 역부족이었던 일본은 결국 랴오둥반도를 청에게 돌려줍니다.

이를 본 조선은 일본에 태클을 걸 수 있는 강국 러시아를 이용합니다. 친러파 중심의 내각을 수립하지요. 그 중심에는 고종의 아내 명성 황후가 있었습니다. 이를 탐탁지 않게 본 일본은 무시무시한 음모를 꾸밉니다. 바로 대러시아 관계의 핵심, 명성 황후를 살해하기로 한 것이죠. 1895년 을미년, 그렇게 조선의 명성 황후가 일본군과 일본 폭력단에 의해 시해된 을미사변이 일어납니다.

❹ 을미개혁

김홍집이 2차 수신사로 처음 등장했을 때 제가 말씀드렸죠? 앞으로 자주 등장할 거라고. 김홍집의 생명력은 정말 기가 막힐 정도입니다. 을미사변 직후에도 김홍집은 내각을 이끌며 계속해서 근대적 개혁을 이어갑니다. 먼저 군제를 개편합니다. 친위대와 진위대를 두어 친위대는 서울의 왕성 수비를, 진위대는 지방 주요 지역의 방위를 담당합니다. 또 건양이라는 연호와 태양력을 사용합니다. 그 전까지는 음력을 주로 써 왔다면 이때부터 본격적으로 양력을 쓴 것이지요. 그랬더라도 대중들은 이제껏 써 왔던 음력도 계속 사용했겠죠(참고로 저도 생일은 집안에선 음력으로, 바깥에선 양력으로 따집니다. 다만 쉰 넘은 후로는 두 생일 모두 파티는 안 하고 그냥 조용히 넘어간답니다).

을미개혁 때 실시된 정책 중 건강, 위생 관련 내용도 눈에 띕니다. 천연두를 예방하기 위하여 백신을 접종하는 종두법(種痘法)이 실시됩니다. 그리고 그 유명한 단발령(斷髮令)을 이때 실시합니다. 이전까지 조선의 성인 남자는 긴 머리털을 모아 올려서 상투를 틀었었지요. 단발령은 이들에게 머리털을 자르고 서양식 짧은 머리를 하라는 명이었습니다. 고종이 국왕으로서 먼저 모범을 보이겠다며 단발령 선포와 동시에 단발하는데요, 유교의 나라 조선에서 부모로부터 받은 신체의 일부인 머리카락을 자른다는 것은 쉽게 받아들여지지 않아 사람들의 거센 반대에 부딪힙니다.

아관파천, 그리고 독립 협회

을미사변 이후 불안을 느낀 고종은 거처를 옮깁니다. 바로 러시아 공사관으로요. 이것이 1896년에 있었던 아관파천(俄館播遷)입니다. 당시에는 러시아를 한자로 음역해서 아라사(俄羅斯)라고 불렸기에, '아관(俄館)'은 러시아 공사관을 의미합니다. 왕이 궁을 비우고 피신을 했으니 열강들은 얼마나 신이 났겠습니까? 파천 이후 고종이 러시아에 산림 채벌권을 주자 열강들이 최혜국 대우 규정을 들이밀기 시작합니다. 아주 여기저기서 조선의 이권을 침탈하려고 눈에 불을 켜고 달려들죠.

이러한 상황을 가만히 지켜만 볼 수 없었던 지식인들이 단체를 결성합니다. 바로 독립 협회이죠. 미국에서 귀국한 서재필이

지금은 3층 전망탑만 남아 있는 구 러시아 공사관

최초의 민간 신문이었던 『독립신문』을 간행하고 국민 계몽을 위해 독립 협회를 결성합니다. 독립 협회는 영은문이 있던 자리에 독립문도 건립합니다. 은혜에 감사하여 환영한다는 뜻의 영은문(迎恩門)은 청나라 사신을 맞이하기 위해 세웠던 문이었어요. 사대의 상징인 이 문을 없애고 독립문을 만듦으로써 조선의 자주 독립을 다짐한 것이지요.

독립 협회는 민중 대회를 열기도 합니다. 1898년에는 만민 공동회를 개최하여 여론을 형성하고 열강의 침탈을 맹렬히 규탄했습니다. 이를 통해 러시아가 증기선의 연료인 석탄 창고를 만들겠다는 명분으로 요구한 절영도 조차(租借)를 무산시킵니다. 금융 침탈의 상징 한러 은행도 폐쇄시킵니다. 이후에는 시민과 회원뿐만 아니라 정부 관료까지 참여한 관민 공동회를 개최하기도 합니다.

이때 헌의 6조를 발표했는데요, 그 안에는 중추원을 개편해 의회를 만들고 조선이 입헌 군주제를 시행해야 한다는 내용이 담겨 있었죠. 이에 정부의 수뇌들은 독립 협회가 황제를 폐하고 공화제를 실시하려 한다며 독립 협회의 해산을 주장합니다. 그리고 어용 단체인 황국 협회를 통해 독립 협회를 와해시키죠. 그렇게 활동 2년 만에 고종의 해산 명령으로 독립 협회는 막을 내리게 됩니다.

황제의 나라임을 알리다, 대한 제국 선포

아관파천 약 1년 만인 1897년 고종이 환궁을 합니다. 그런데 경복궁이 아닌 덕수궁으로 갑니다. 그리고 이어 황제의 나라, 대한 제국을 선포하지요. 중국과의 오랜 사대 외교에서 벗어나 이제는 완전한 자주 독립국임을 만천하에 알린 것입니다.

고종은 환구단 혹은 원구단이라고도 불리는 곳에서 황제 즉위식을 열고, 광무개혁을 실시합니다. 광무개혁의 원칙은 구본신참이었어요. 동도서기론을 기억하시나요? 온건 개화파가 지향했던 개화 방식이죠. 동양의 도를 지키며 서양의 기술을 받아들이

고종이 황제 즉위식을 했던 환구단

자는 동도서기와 비슷한 맥락의 구본신참(舊本新參)은 옛것을 근본으로 새로운 것을 참작 또는 참조한다는 뜻입니다. 이 정신을 바탕으로 다양한 개혁들을 실행하지요. 양전 사업을 실시하여 최초의 근대적 토지 소유 문서인 지계를 발급하고, 상공 학교와 실업 학교를 설립합니다. 또 황제 직속 부대를 감독하는 원수부를 설치하고, 23부로 나눴던 지방을 13도로 다시 바꾸기도 하죠. 그리고 황제의 나라임을 공고히 하기 위한 법, 대한국 국제를 제정합니다. 여기에는 대한 제국이 전제 군주제임을 명시하고 황제의 권위를 강화하기 위한 각종 조치가 담겨 있었습니다.

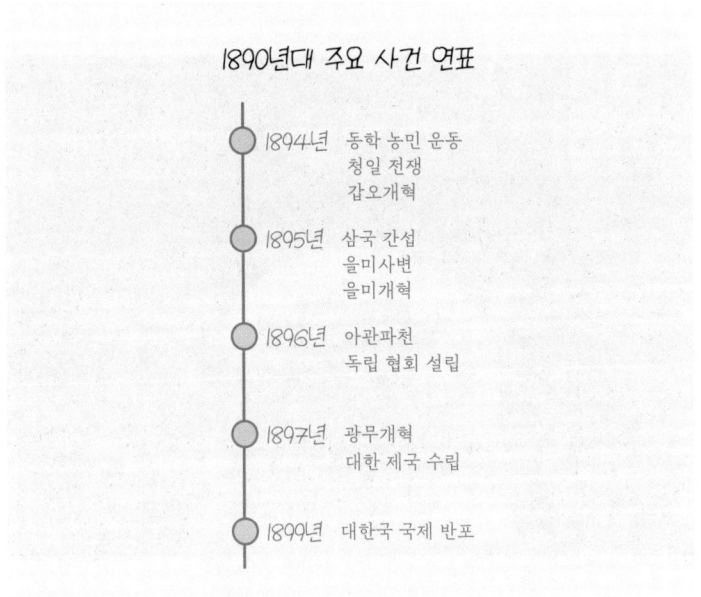

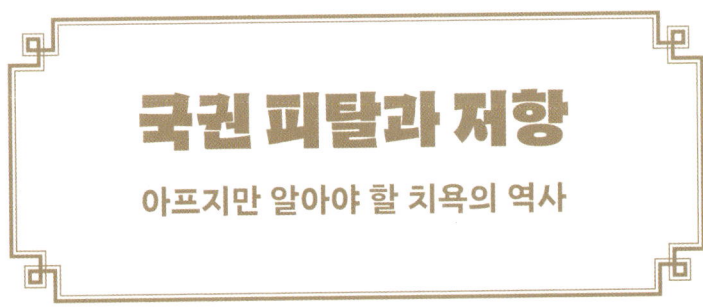

러일 전쟁부터 경술국치까지

❶ 러일 전쟁 발발

열강들의 이권 침탈이 걷잡을 수 없이 커집니다. 미국, 영국, 일본 등은 조선의 금광 채굴권, 철도 부설권 등을 나눠 가지며 자신들의 배를 불리죠. 특히 러시아는 조선의 삼림에 큰 관심을 가지고 있었습니다. 압록강과 울릉도에 있는 삼림들을 벌목하는 사업을 운영했죠. 그러다 압록강 쪽에서 문제가 생깁니다. 러시아 사람들이 나무만 베는 것이 아니라, 거기에 자신들이 쓸 이런저런 시설을 짓기 시작하더니 급기야 압록강 하류의 용암포를 강제로 점령하는 사건이 발생한 것입니다. 러시아의 용암포 점령은 일본 입장에서는 달갑지 않은 소식이었을 겁니다. 그렇게 1904년 일본의 선공으로 러일 전쟁이 발발합니다.

한국의 지배권을 두고 경쟁하는 러시아와 일본을
뼈다귀를 두고 싸우는 개로 표현한 미국 신문의 풍자화

❷ 한일 의정서와 제1차 한일 협약

러일 전쟁 중에도 조선을 향한 일본의 야욕은 멈추질 않습니다. 1904년 강제로 한일 의정서가 체결됩니다. 여기에는 일본이 전략상 필요한 지점을 조선의 허락 없이 임의로 사용할 수 있다는 내용이 담겨 있었습니다. 같은 해 제1차 한일 협약도 체결돼요. 이때부터 대한 제국의 내정(內政)을 개선한다는 구실로 일본의 고문 정치가 시작됩니다. 외교 담당 고문으로 친일 미국인 더럼 스티븐스가, 재정 담당으로는 메가타 다네타로가 취임합니다. 이 중 메가타는 다음 해인 1905년에 화폐 정리 사업을 자행하는데요, 이로 인해 대한 제국의 상인들과 은행이 큰 타격을 입으며 나라에는 빚이 쌓이기 시작하죠.

❸ 을사늑약

러일 전쟁의 승기를 잡은 일본은 조선의 외교권마저 빼앗기 위해 물밑 작업을 시작합니다. 먼저 미국과는 가쓰라-태프트 밀약을 통해 미국은 필리핀을, 일본은 한국을 지배하는 것을 서로 인정해 줍니다. 1882년 체결한 조미 수호 통상 조약에서 조미 양국 중 한 나라가 제3국과의 관계에서 위기에 봉착했을 때 서로 돕겠다는 거중 조정 조항에 정확히 위배되는 일이지요. 그래서 은밀히 약속한 '밀약'인 것입니다. 또 일본은 영국과의 제2차 영일 동맹으로 영국의 인도 지배를 인정해 주는 대신 한국에 대한 권리를 인정받습니다. 그리고 드디어 러일 전쟁에서 승리한 일본은 러시아와 포츠머스 조약을 맺고, 패전국 러시아가 한국에서 완전히 손을 떼게 했죠. 이런 교묘한 사전 작업 후에 체결된 것이 바로 을사늑약입니다(1905년).

공식 명칭은 제2차 한일 협약이지만 을사년에 강제로 맺어졌다 해서 을사늑약이라 불리는 이 조약의 주요 내용은 조선의 외교권을 박탈하고, 통감부를 설치한다는 것이었습니다. 이를 계기로 4년 후 안중근 의사의 총을 맞고 죽게 되는 이토 히로부미가 조선의 초대 통감으로 부임합니다.

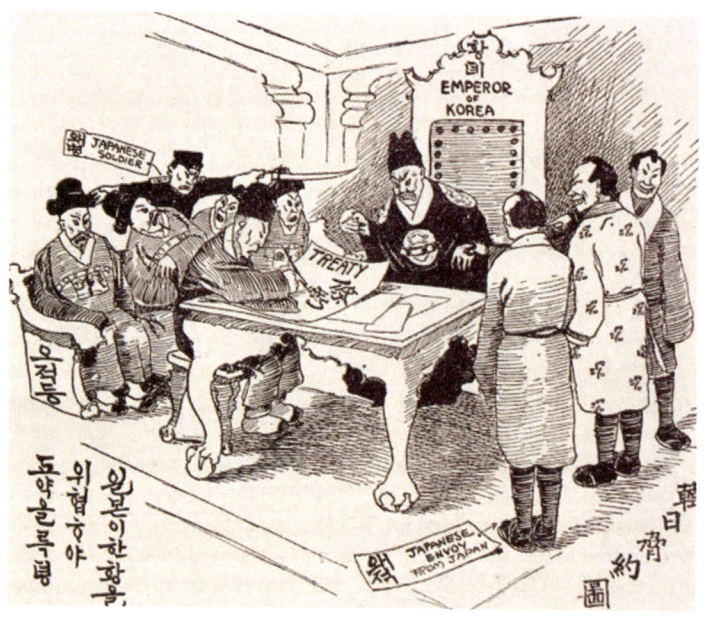

『신한민보』에 실린 을사늑약 체결 모습.
조약의 부당함을 알리기 위해 협약(協約)의 '협'을 위협의 뜻인 '脅'으로 넣은 풍자화

헤이그에 파견된 특사. 왼쪽부터 이준, 이상설, 이위종

❹ 헤이그 특사 파견과 경술국치

을사늑약은 고종이 참석하지도 않은 상태에서 말 그대로 강제로 체결됐습니다. 고종은 이 부당함을 세계에 알리고자 만국 평화 회의가 열리는 네덜란드 헤이그에 특사를 파견합니다. 이상설, 이준, 이위종은 한국의 주권 회복에 힘썼던 미국인 선교사 헐버트의 도움을 받으며 먼 길을 떠납니다. 그러나 특사들은 일본과 영국의 방해, 각국 정상들의 무관심 등으로 발언권조차 얻지 못합니다. 그리고 특사 파견 사실을 알게 된 일본은 고종을 강제로 퇴위시키고 순종을 추대합니다.

1907년에는 한일 신협약, 이른바 정미 7조약이 체결되는데요, 이때부터는 차관들도 일본인으로 임명하면서 통감의 권한이 더욱 커지게 됩니다. 또 이 협약에 의거해 대한 제국의 군대가 강제로 해산됩니다.

1909년, 일본은 기유각서로 대한 제국을 옥죕니다. 사법권과 감옥 사무 처리권까지 빼앗은 것이죠. 그리고 1910년 8월 29일, 한일 병합 조약으로 대한 제국은 국권을 상실하고 일본의 식민지가 됩니다. 경술년에 일어난 국가적 치욕의 날이지요. 우리나라의 입법권, 사법권, 행정권, 군 통수권까지 모두 관할하는 총독부가 설치되고 초대 총독으로 데라우치 마사타케가 임명됩니다.

반일 단체들의 치열한 항거

조국이 다른 나라에 넘어가는 모습을 우리 조상들은 가만히 보고만 있지는 않았습니다. 일제의 침탈에 무수히 많은 개인과 단체가 저항했습니다. 일본의 황무지 개간에 반대하는 운동을 펼쳐 황무지 개척 요구를 철회시킨 보안회, 독립 협회 정신을 계승하며 입헌 군주제를 주장하고 친일 단체인 일진회에 대항한 헌정 연구회가 있었습니다. 또 헌정 연구회가 확대 개편된 대한 자강회는 헤이그 특사 파견을 구실로 일본이 고종을 퇴위시키려 하자 강제 퇴위 반대 운동을 펼치기도 했죠.

1907년에 결성된 신민회는 일제 강점 이전에 있었던 가장 큰 애국 계몽 단체였습니다. 을사늑약이 체결된 이후 일본을 비판하는 언론이나 단체에 대해 일본은 신문지법, 보안법 등을 제정하며 탄압합니다. 그래서 신민회는 비밀리에 결성되었습니다.

　이들은 우리 역사상 최초로 공화정을 주장하며 국권 회복에 힘썼습니다. 교육, 산업 분야뿐만 아니라 국외에 독립운동 기지를 건립하는 등 참 다양한 활동을 했습니다. 대표적인 예로 안창호는 대성 학교를, 이승훈은 오산 학교를 세워 교육을 통한 구국 활동을 했고요, 태극 서관과 자기 회사를 설립해 민족 산업을 장려했습니다. 또 서간도, 삼원보에 독립운동 기지를 건설하고 신흥 강습소라는 독립군 양성 학교를 짓기도 했죠. 신민회의 일원이었던 양기탁과 영국 언론인 베델이 간행한 『대한매일신보』는 신민회의 기관지 역할을 하기도 했습니다. 하지만 경술국치 이후, 일제가 초대 총독인 데라우치 암살 모의 사건을 조작해 105인의 애국지사를 투옥한 사건이 벌어지는데요, 이때 많은 신민회 인사들이 검거, 투옥되면서 결성된 지 4년 만인 1911년에 신민회는 해체됩니다.

　제1차 한일 협약 때 재정 고문으로 온 메가타 기억하시나요? 메가타는 조선의 화폐 백동화를 제일 은행권으로 바꾸는 화폐 정리 사업을 실시하는데요, 문제는 제대로 화폐 가치를 인정하고 교환해 주지 않았다는 것입니다. 가치와 상관없이 백동화의 상태에 따라 등급을 정해, 최상위 등급만 같은 값의 신화폐로

신민회의 기관지 역할을 한 『대한매일신보』

교환해 주고 나머지는 낮은 가격으로 환수하거나 아예 바꿔 주지 않았습니다. 게다가 메가타는 네 차례에 걸쳐 차관을 도입해 나라 빚이 1300만 원까지 쌓이게 됩니다. 이에 서상돈, 김광제 등의 주도하에 국민 모두가 한마음이 되어서 나라의 빚을 갚자는 국채 보상 운동이 전개됩니다. 대구에서 출발한 이 운동은

『대한매일신보』와 항일 언론사의 도움을 받으며 전국으로 확산됩니다. 국민들은 금연, 금주를 하고 비녀나 반지 같은 귀중품을 내놓으면서 모금에 적극 참여하죠. IMF 사태를 타개하기 위한 김대중 정부 때의 '금 모으기 운동'과 같은 움직임이 그로부터 90년 전에도 있었던 것입니다. 하지만 이 또한 통감부의 방해 공작으로 실패하고 맙니다.

의병들의 투쟁

    옛날부터 외세의 침입이 있으면 의병들의 활약이 빠지질 않았지요. 임진왜란 때 왜구를 물리치는 것도 이순신, 권율 장군만의 힘으로는 불가능했습니다. 곽재우, 고경명, 조헌 등 의병들의 희생이 있었기에 물리칠 수 있었지요. 구한말에도 의병들은 참지 않습니다. 1895년 일본 낭인들에 의해 명성 황후가 시해당한 을미사변과 을미개혁 때 단행된 단발령에 대한 반발로 이소응, 유인석 등의 유생이 각 지역에서 의병을 일으킵니다(을

을미의병 당시 의병장 유인석이 각처에 보낸 격문

미의병). 이들은 나중에 고종의 권고로 해산합니다.

　1905년 을사늑약이 체결되자 다시금 많은 이들이 분노합니다. 대표적인 척신 민영환은 자결로 망국의 슬픔을 토로했습니다. 그리고 최익현, 신돌석, 민종식은 의병장이 되어 각 지역에서 의병을 일으킵니다(을사의병). 이 중 신돌석은 최초의 평민 출신 의병장입니다.

　1907년 고종이 강제로 퇴위당하자 다시금 의병이 조직됩니다. 여기에 정미 7조약으로 인해 해산된 군인들까지 합류하면서 유생과 농민들 위주였던 의병 세력은 더욱 막강해지죠. '역대급' 전력의 정미의병은 13도 창의군을 결성하고 서울 진공 작전까지 계획합니다. 하지만 전군이 모이기 전 일본군의 공격을 받아 의병군이 피해를 입고, 이 와중에 13도 창의군의 총대장이었던 이인영이 부친상으로 작전을 더 이상 수행할 수 없게 되면서 서울 진공 작전은 실패로 끝납니다. 이후에도 전라도 지역에서는 활발히 의병 투쟁이 일어났는데요, 이에 일본은 의병들의 씨를 말리겠다며 남한 대토벌 작전을 수행합니다. 이 과정에서 흩어진 의병들은 간도나 연해주 지방으로 이동하여 1910년대와 1920년대 항일 무장 투쟁의 주축이 됩니다.

일제의 강점과 대한민국 임시 정부

억압 속에도 굳게 내린 우리의 뿌리

1910년대: 무지막지한 무단 통치

일제 강점기라는 말 자체만 보아도 일제가 강제로 조선을 점령한 사실이 그대로 드러나죠? 그에 걸맞게 강점 직후인 1910년대 일제의 통치 방식은 그 어느 때보다 강압적이었습니다. 총칼을 찬 군인들이 활보하며 불쌍한 민중들을 짓누르던 이 시기를 무단 통치 시기라고도 부릅니다.

얼마나 무지막지했냐면, 일단 식민 통치의 대장이라 할 수 있는 총독을 육·해·공군 대장 출신들이 맡습니다. 조선인으로 구성된 중추원이라는 자문 기구를 두기는 하지만 모두 친일 인사로 채웠고요. 또 경찰도 보통 경찰이 아닌 군대에 있어야 할 헌병 경찰이었습니다. 이들에게는 즉결 처분권이라 하여, 그 자리에서 바로 벌을 줄 수 있는 무서운 권력이 있었죠. 이뿐만 아니라 학교에서 학생들을 가르치는 선생님들도 칼을 차고 있었고요. 조선 태형령이라 해서 조선인에게만 작은 곤장으로 죄인의 볼기를 치는 형벌을 시행하기도 합니다. 당시의 분위기가 얼마나 살벌했을지 짐작이 가시죠?

선생님이 칼을 차고 수업할 정도이니 교육 정책은 오죽했겠습니까? 제1차 조선 교육령을 공포하여 지금의 초등학교에 해당하는 보통학교의 수업 연한을 6년에서 4년으로 줄입니다. 조선인들에게는 많은 교육이 필요 없다는 것이죠. 이것을 우민화(愚民化)라고 하는데요, 백성들을 어리석게 만들어서 체제에 불만을 갖지 않게 하려는 의도죠. 나중엔 교육령을 피해 이 제도가 적용되지 않는 우리의 전통 교육 기관인 서당으로 조선 학생들이 몰리자 일제는 서당 규칙을 제정해 서당마저 탄압합니다.

1910년대 일제의 주 목적은 우리의 땅을 뺏는 것이라 생각해도 좋을 만큼 일제는 토지 수탈에 집중합니다. 그래서 토지 조사 사업을 실시하는데요, 이 사업의 방식을 신고제로 합니다. 신고만 하면 그만이니까 일제가 땅을 빼앗았다는 건 억측 아닌가 할 수도 있지만, 신고 방법이 매우 복잡하고 기간도 짧게 주었습니다. 제시간에 제대로 신고하지 않았다는 이유로 우리 백성들의 땅을 탈취하려 한 것이죠. 또 일제는 소유권만 인정하고 우리 농민들이 관습적으로 가지고 있었던 경작권은 무시합니다. 예전에는 내 땅이 아니더라도 계속 그 땅을 경작했으면 그 땅에서 경작할 수 있는 권리가 있었는데 이젠 이마저도 인정받지 못하게 됩니다.

　민족 기업을 말살하기 위해 회사령도 선포하는데요, 신고제가 아닌 허가제였어요. 총독부의 허가 없이는 기업을 운영할 수 없었기에 조선인이 경영하는 기업은 점점 사라져 갔습니다. 이뿐만 아니라 어업령, 광업령, 삼림령 등 모든 산업 분야에서 일제는 자신들의 입맛에 맞춘 규칙을 내세워 우리 조선인들을 괴롭힙니다.

전국에 울려 퍼진 만세 소리, 3.1 운동

　일제의 강제 점령과 무단 통치에 당하고만 있을 수는 없었습니다. 1919년 2월에는 만주에서 활동하고 있던 독립운동 지도자들이 무오 독립 선언서를, 도쿄에서 유학 중인 학생들은 2.8 독립 선언서를 발표했습니다.

　당시 미국 대통령 윌슨은 제1차 세계 대전 패전국의 식민지 문제를 두고, 그들 스스로가 자신의 정치적 운명을 결정할 수 있도록 하자는 '민족 자결주의'를 제창했습니다. 물론 일본은 승전국이었습니다만, 식민지의 자주적인 선택을 인정하자는 이 주장은 우리의 독립 의지를 불태웠습니다.

덕수궁 일대에서 만세 시위 하는 모습

 그 무렵 고종이 세상을 뜹니다. 그래서 고종의 장례를 치르는 날인 인산일에 맞추어 독립 선언이 준비됩니다. 1919년 3월 1일, 민족 대표 33인은 독립 선언서를 낭독한 후 자진해서 투옥되고, 탑골 공원에 모여 있던 학생과 시민은 비폭력 만세 시위를 벌이죠. 이 열기는 전국으로 퍼져 나갑니다.

 만세 운동을 제압하는 과정에서 일제는 무지막지한 학살을 저지릅니다. 수원의 제암리에서는 양민들을 교회에 몰아넣은 후 불을 지르고, 나오려는 사람을 총살했습니다. 다음 날 화성의 고주리에서도 학살은 이어졌습니다. 이런 일제의 만행을 목도한 후 독립운동가들은 일제에 저항하는 방식을 비폭력에서 무력 투쟁으로 전환합니다. 또 3.1 운동을 계기로 조직적인 저항의 필요성을 느껴 대한민국 임시 정부를 수립하게 됩니다. 3.1 운동의 소식은 외국에 알려지면서 중국에서 일어난 반제국주의 운동인 5.4 운동과 인도의 비폭력 운동에 영향을 주기도 하죠.

1920년대: 일제의 기만적인 문화 통치

전국적인 만세 운동에 일제도 통치 방식을 바꿉니다. 무단 통치에서 문화 통치로 말이죠. 문화! 단어의 뉘앙스로 봐서는 부드러워진 것 같지만, 그 속내를 보면 더 야비하게 변한 겁니다. 먼저 무관 총독이 아닌 문관 총독이 임명될 수 있도록 하지만, 실제로 문관 총독은 그 후로 단 한 명도 오지 않았습니다. 또 지방 자치 기구로서 도 평의회, 부면 협의회 등을 설치하지만 이것도 말만 자치 기구일 뿐 친일 인사들로 이루어진 꼭두각시에 불과했습니다.

조선 태형령을 폐지하고 헌병 경찰제에서 보통 경찰제로 바꿨지만, 경찰의 수를 무려 세 배로 늘립니다. 샅샅이 감시하겠다는 거죠.『조선일보』,『동아일보』와 같은 민족 신문의 창간도 허락합니다. 대신 검열을 어마어마하게 합니다.

1917년 러시아 혁명으로 인해 1920년대 들어서 한국에도 사회주의가 유입됩니다. 일제는 사회주의자를 잡겠다며 치안 유지법을 만들어요. 하지만 실상은 독립운동가들을 잡아들이기 위함이었죠. 일제는 조선사 편수회라는 기관을 만들어 조선의 역사를 왜곡하기도 합니다. 조선의 역사는 고대 사회에 머물러 있다는 정체성론, 17세기 붕당 정치를 단순한 당파 싸움으로 폄하하는 당파성론 등을 주장하며 조선을 열등하다고 폄훼하고 식민 지배를 합리화하려는 목적이었죠.

1910년대에 일제가 우리의 땅을 빼앗는 데 혈안이 되었었다면 1920년대에는 쌀 수탈에 총력을 기울입니다. 이른바 산미 증식 계획을 수립한 것이죠. '문화 통치'처럼 말만 들어서는 쌀을 많이 생산하기 위한 계획이니 좋은 것 아니냐고 생각할 수 있겠습니다. 그러나 그 쌀로 일제의 배를 채우는 게 목적이었습니다. 쌀 생산량이 많아지긴 했지만 대부분 일본으로 유출되었거든요. 막상 먹을 게 없었던 조선인에게는 만주의 값싼 잡곡을 수입해 줍니다. 그러면서도 생산성을 높이기 위한 수리 시설 마련 비용, 새로운 농법이나 농기구를 들여오는 비용 등을 모두 우리 농민에게 전가했습니다.

1920년대에는 관세와 회사령이 폐지됩니다. 총독부의 허가 없이 신고만 하면 회사를 세울 수 있게 된 것이죠. 이 또한 우릴 위한 것이 아니었습니다. 일본 기업의 조선 진출을 용이하게 하도록 하는 정책이었습니다. 이로써 일본의 자본과 기업은 우리의 자원과 인력을 마음껏 이용하며 성장합니다. 반면 우리 민족 기업의 상황은 점점 더 어려워집니다.

1930년대: 정신까지 빼앗겠다는 민족 말살 통치

1929년 경제 대공황으로 전 세계가 위기에 빠집니다. 일제는 이를 타개할 방법으로 전쟁을 택합니다. 1931년 만주를 침략하고(만주 사변), 1937년에는 본격적으로 중국을 공격합니다(중일 전쟁). 급기야 1941년에는 미국의 진주만을 기습 공격하여 태평양 전쟁을 일으키죠. 전쟁을 치르려면 많은 돈과 물자와 사람이 필요합니다. 일제는 전쟁의 도구로 우리 민족을 이용하려 합니다. 그래서 우리의 민족 정신을 지우고 일제를 따르게 하는 이른바 민족 말살 통치를 시행합니다.

일본과 조선은 같다는 내선일체(內鮮一體), 일본과 조선은 조상이 같다는 일선동조(日鮮同祖) 등을 주장하며, 이름마저 일본식 이름으로 바꾸게 합니다(창씨개명). 또 일왕이 있는 궁성을 향해서 절을 시키는가 하면, 황국 신민 서사 암송과 신사 참배도 강요합니다. 제가 어렸을 때 다닌 학교는 초등학교가 아니라 '국민학교'였습니다. 이 '국민학교'는 '황국신민학교'의 준말로 황국의 신하와 백성을 기르기 위한 학교라는 뜻입니다. 바로 일제의 잔재였던 것이죠. 또 치안 유지법 위반으로 형을 마치고 나온 사람들을 보호 관찰하는 조선 사상범 보호 관찰령을 공포하기도 합니다. 이 역시 독립운동 관련자들을 감시하려는 목적이었습니다.

그런데 이렇게 정신만 통제하고 끝난 것이 아니었습니다. 중일 전쟁을 일으킨 다음 해인 1938년, 일제는 국가 총동원법을 만들어 발표합니다. 그러고는 남자들을 강제로 무기 공장이나 군수 시설에서 일하게 하거나 전쟁터로 보내 싸우게 했습니다. 1944년에는 여자 정신대 근무령을 공포하고 시행해서 여성의 노동력을 착취했으며, 여기에 동원된 여성의 일부는 일본군 위안부라는 성노예 생활을 강요받기도 했습니다(참고로 일본군 위안부는 여자 정신대 근무령이 시행되기 전부터 존재했던 반인륜적 범죄였습니다).

일제가 착취해 간 것은 사람뿐만이 아니었습니다. 전쟁에 써야 한다며 민간인의 집에서 식량과 물자들을 모조리 빼앗아 갔습니다. 또 남면북양(南綿北羊) 정책이라 하여 남쪽에서는 면화를 재배하게 하고, 북쪽에서는 양을 키우게 해서 군복의 재료로 썼습니다. 한반도 전체가 일제의 침략 전쟁을 수행하는 보급 기지, 즉 병참 기지가 되어 버린 것입니다.

이젠 임시 정부가 필요해!

1917년 신규식, 조소앙, 신채호, 박은식 등 14인의 독립운동가가 모여 '대동 단결 선언'을 하는데요, 이 선언에는 경술국치가 무효라는 내용이 담겨 있었습니다. 순종(융희) 황제가 주권을 포기한 것은 대한 국민에게 권리를 넘긴 것이기에 일제가 아닌, 우리 국민이 주인이 되는 민주 공화정을 수립해야 한다는 이유에서였습니다. 그러던 중 1919년 3.1 만세 시위까지 일어납니다. 이러한 시류를 타고 임시 정부 성격의 단체가 곳곳에 조직됩니다. 한성, 연해주, 상하이에 각각 설치된 한성 정부, 대한 국민 의회, 상하이 임시 정부가 그것입니다. 1919년 9월 11일, 기존의 임시 정부 성격 단체들이 하나로 통합되면서 대한민국 임시 정부가 수립됩니다.

상하이에서 첫 출발을 알린 임시 정부

대한민국 임시 정부는 상하이에서 출발합니다. 당시 경성이라고 불렸던 서울은 식민지 한복판이어서 활동의 제약이 많았을 터라 제외하고, 연해주는 전쟁을 준비하기에 적합한 지역이었지만, 결국 각 나라의 영사가 있어 외교 활동을 하기에 좋은

1920년 대한민국 임시 정부 신년 축하 기념 사진.
2열 왼쪽에서 첫 번째에 김구, 열 번째에 이동휘, 열두 번째에 안창호

상하이가 첫 거처로 채택됩니다.

  대한민국 임시 정부는 우리 역사상 최초의 삼권 분립 공화정 체제였습니다. 국회에 해당되는 입법부는 임시 의정원, 사법부는 법원, 행정부를 국무원이라고 칭했고요, 초대 대통령으로 이승만, 총리로 이동휘가 취임하죠. 임시 정부 산하에는 다양한 조직이 있었는데요, 특히 비밀 행정 조직인 연통제와 통신, 정보 수집을 위한 교통국이 큰 역할을 했습니다. 외교를 책임지는 곳으로 구미 위원부와 파리 위원부도 있었어요(나중에는 파리 위원부가 구미 위원부로 흡수됩니다).

상하이 임시 정부 청사

 그럼 독립운동 자금은 어디서 충당했을까요? 먼저 독립 공채를 발행합니다. 그리고 기업들로부터 자금을 후원받기도 했죠. 영국인 조지 루이스 쇼가 운영한 이륭 양행, 안희제가 세운 민족 기업인 백산 상회가 그 대표적인 예입니다. 또 독립 협회의 신문과 이름이 같은 『독립신문』도 간행하고, 임시 사료 편찬회를 만들어 한국의 독립운동사에 관한 사료를 수집하고 정리합니다.

임시 정부의 위기와 분열

임시 정부에도 위기가 찾아옵니다. 비밀 조직인 연통제와 교통국이 일제에 의해 발각된 것이죠. 게다가 대통령 이승만이 1919년 2월에 국제 연합의 전신인 국제 연맹에 한국을 위임 통치해 달라는 청원서를 보낸 것이 뒤늦게 알려져요. 또 여운형, 김규식이 1922년 러시아에서 열린 동아시아 사회주의 단체들의 회의인 극동 인민 대표 대회에 다녀왔는데요, 그 후 우리의 임시 정부가 이대로 괜찮은지 의문을 제기합니다.

결국 1923년 임시 정부의 방향을 결정하기 위한 독립운동 계파 간의 회의, 국민 대표 회의가 열립니다. 이때 임시 정부를 해체하고 아예 새로 수립해야 한다는 창조파와 실정에 맞게 개편하자는 개조파가 격렬히 대립합니다. 안타깝게도 회의는 합의점을 찾지 못하고 결렬됩니다. 창조파와 개조파의 대다수는 임시 정부를 떠나 버리고, 1925년 위임 통치 청원에 책임을 물어 이승만이 탄핵됩니다. 그리고 2대 대통령으로 박은식이 취임합니다만 박은식은 금방 사임하고 체제가 바뀝니다. 대통령제가 아닌 내각 책임제, 국무령제로 전환하게 된 것이지요. 초대 국무령으로 이상룡이 취임합니다. 그러다 이후 또 한 번 국무 위원 집단 지도 체제로 바뀌게 되지요.

1931년에는 김구가 한인 애국단을 조직합니다. 한인 애국단

의거 직전, 가슴에 한인 애국단 선서문을 달고 양손에 수류탄을 쥔 이봉창과 윤봉길

은 의열 투쟁 단체인데요, 이봉창은 도쿄에서 일왕을 향해, 윤봉길은 홍커우 공원에서 열린 일제의 전승 기념식장에 폭탄을 던졌습니다. 이들의 의거는 큰 의미가 있었습니다. 국제 사회에 대한민국 임시 정부의 존재를 널리 알렸고, 특히 중국 국민당 정부의 지원을 끌어내는 계기가 되었습니다.

충칭으로 옮긴 임시 정부와 한국 광복군의 활약

윤봉길 의사가 폭탄을 투척했던 홍커우 공원은 상하이에 있었습니다. 상하이 한복판에서 일본의 고위 장성들을 죽이고 중상을 입히는 일이 일어났으니 일제가 가만히 있지 않았겠죠? 임시 정부를 쫓아 상하이를 바짝 조입니다. 결국 임시 정부는 거처를 옮기기로 결정합니다. 상하이에 계속 머무르는 것은 위험하다고 판단한 것이죠. 그 후로 임시 정부는 약 8년 동안 항저우, 광저우 등을 거쳐 1940년 충칭에 자리를 잡습니다.

충칭 임시 정부는 체제를 주석제로 바꾸고, 초대 주석으로 김구가 취임합니다. 그리고 곧 있을 독립을 대비해 조소앙의 삼균주의에 기초한 건국 강령을 발표합니다. 삼균주의는 개인과 개인, 민족과 민족, 국가와 국가 간의 완전 균등을 표방했습니다. 그러면서 개인 간의 균등은 정치·경제·교육의 균등을 통해, 민족 간의 균등은 민족 자결을 통해, 국가 간의 균등은 모든 국가들이 서로 간섭·침탈 행위를 하지 않음으로써 이룩된다고 주장합니다.

충칭 임시 정부는 직속 군대도 창설하는데요! 바로 총사령관 지청천이 이끄는 '한국 광복군'입니다. 후에 김원봉의 조선 의용대가 합류하면서 전력이 강해진 한국 광복군은 대일 선전 포고를 하고 1943년에는 인도·미얀마 전선에 투입되기도 합니다. 1945년에는 미국 전략 정보국 OSS와 함께 국내 진공 작전을 계획하지요. 여기서 1907년 정미의병이 계획한 서울 진공 작전과 이름이 비슷해 헷갈리실 수 있겠는데요, 정미의병은 같은 국내에서 서울로 가는 것이었으니까 '서울' 진공 작전이지만, 한국 광복군은 국외에서 침투하는 것이기 때문에 '국내' 진공 작전인 것입니다. 아무튼 한국 광복군이 만반의 준비를 마치고 작전 개시만을 기다리고 있던 그때 놀라운 소식이 전해집니다. 일본이 무조건 항복을 선언한 것이지요. 결국 자력으로 독립하기 위한 임시 정부의 진공 작전은 실행해 보지도 못하고 취소됩니다. 일본의 패망 소식을 들은 김구는 그의 자서전인 『백범일지』에서 "하늘이 무너지고 땅이 꺼지는 일이었다."라고 회상하기도 했죠.

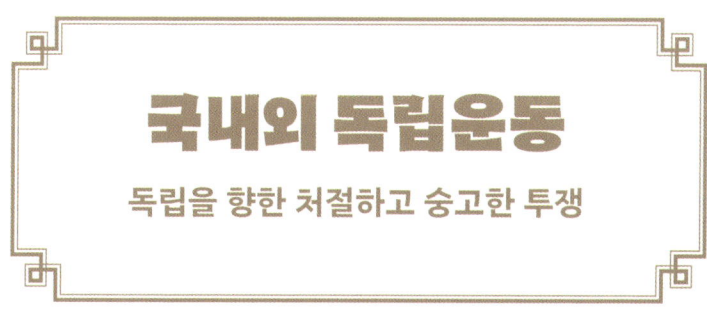

1910년대 국내: 여러 독립운동 단체들의 결성

1910년은 무단 통치 시기였기에, 국내 독립운동 단체도 비밀 결사로 조직됩니다. 을사의병장 출신인 임병찬이 고종으로부터 비밀 편지를 받고 조직한 독립 의군부는 기존의 군주정을 회복하려는 복벽주의를 추구합니다. 총독부에 국권 반환 요구서를 전달하려고 했지만 실패하죠.

박상진 등이 대구에서 결성한 항일 독립운동 단체인 대한 광복회는 만주에 무관 학교를 설치하고 독립군을 양성해 독립의 꿈을 이루려고 했습니다. 공화정을 주장한 대한 광복회는 친일 부호들을 처단하고 군자금을 모집하는 데 주력했습니다.

1910년대 국외: 독립운동 기지 건설에 주력하다

숨 막히는 무단 통치하의 국내보다는 일제의 시야 바깥인 국외가 독립운동 하기에 좀 나았겠죠? 다만 아무런 기반이 없는 곳에서 시작해야 했기에, 1910년대 국외에서는 독립운동 기지를 건설하는 데 최선을 다합니다.

1911년 105인 사건으로 해체된 신민회 출신의 인사들은 서간도로 넘어가 삼원보에 독립운동 기지를 만듭니다. 이회영 6형제 일가는 어마어마한 재산을 모두 처분해 독립운동에 바친 것으로 유명하죠. 또 이상룡 등이 경학사라는 독립운동 단체를 만들기도 했고요. 독립군을 양성하는 신흥 강습소 또한 이곳 서간도에 세워졌습니다. 여기서 훈련받아 만들어진 부대가 1920년대에 맹활약한 무장 독립 단체, 서로 군정서입니다.

북간도에서는 용정촌을 중심으로 독립운동가들이 모였습니다. 이들은 간민회라는 독립운동 단체를, 중광단이라는 무장 독립 투쟁 단체를 창설했는데요, 중광단은 단군을 숭배하는 종교인 대종교에서 만들었으며, 훗날 북로 군정서로 발전합니다. 또한 용정촌에는 헤이그 특사였던 이상설이 서전서숙을 설립했고, 용정촌의 남쪽에 위치한 한인 마을인 명동촌에는 명동 학교가 지어졌습니다. 이 명동 학교의 졸업생 중에는 유명한 사람이 많습니다. 대표적으로 1930년대 아름다운 저항 시를 쓴 시인 윤동주, 최초의 상업 영화 「아리랑」의 감독 겸 배우 나운규가 있습니다.

연해주에는 신한촌이라는 한인 마을이 형성됩니다. 그리고 최재형의 주도로 권업회(勸業會)라는 독립운동 단체가 만들어지는데요, 이름만 들어서는 전혀 독립운동 단체처럼 느껴지지 않게 농업, 산업을 권한다는 뜻으로 지었습니다. 참고로 최재형은 안중근 의사가 이토 히로부미를 처단할 때 물심양면으로 지원했던 인물이기도 합니다. 또 연해주에서는 대한민국 최초의 망명 정부인 대한 광복군 정부가 수립되는데요, 이는 후에 대한 국민 의회로 이어집니다. 대한 국민 의회는 앞서 살폈듯이 대한민국 임시 정부로 통합되죠.

이 밖에도 미국 샌프란시스코에는 대한인 국민회와 안창호가 창립한 흥사단이 있었습니다. 하와이에서는 박용만이 이끄는 대조선 국민 군단이 무장 독립 활동을 했죠. 멕시코에는 이근영 등이 한인 무관 양성 학교인 숭무 학교를 설립했습니다. 섬유의 원료가 되는 에네켄이라는 식물을 재배하는 멕시코 농장에서는 한인 이주민들이 일을 했는데요, 이들이 독립운동 자금을 후원하기도 했죠. 마지막으로 상하이에는 여운형, 김규식을 중심으로 창립된 청년 독립운동 단체인 신한 청년당이 있었습니다. 1919년 파리 강화 회의가 열렸을 때 신한 청년당에서는 김규식을 한국 대표로 파견합니다.

왼쪽부터 서재필, 안창호

1920년대 국내: 각계각층의 민족 운동

　회사령과 관세 폐지로 일본 기업들이 우후죽순처럼 생겨나 우리의 민족 기업들은 어려움을 겪습니다. 이에 평양에서는 물산 장려 운동이 펼쳐집니다. '조선 사람 조선 것'이라는 구호 아래, 학생 단체인 자작회, 여성 단체인 토산 애용 부인회 등 여러 단체들이 이 운동을 돕습니다. 한편 일제가 문화 통치의 일환으로 선포한 제2차 조선 교육령으로 보통학교의 교육 연한이 4년에서 6년으로 회복됩니다. 또한 자유롭게 대학을 만들 수도 있게 되자 민립 대학 설립 운동이 전개됩니다. 이상재, 이승훈 등을 중심으로 '한민족 1천만이 한 사람 1원씩'이라는 구호를 내걸고 기금 모금에 나섭니다. 그러나 일제는 이 운동을 교육 운동이 아닌 정치 운동으로 보고 탄압합니다. 게다가 관립 학교인 경성 제국 대학을 만들어 버림으로써 민립 대학 설립 계획은 흐지부지 끝나게 됩니다.

3.1 운동만큼이나 역사적 의미가 큰 학생 운동인 6.10 만세 운동과 광주 학생 항일 운동이 1920년대에 일어납니다. 1926년 6.10 만세 운동은 순종의 인산일에 맞추어 사회주의 세력이 주가 되고 학생들이 도우며 준비했는데요, 거사 전에 사회주의 세력이 일본에 꼬리를 밟힙니다. 결국 학생들이 운동을 주도했고, 이때 민족주의 세력이 도움을 줍니다. 이를 계기로 이념은 다를지라도 독립이라는 하나의 목표 아래 민족주의자와 사회주의자가 함께할 수 있는 가능성을 발견하게 됩니다.

그렇게 민족주의 세력 중에서도 일제와 타협하는 기회주의가 아닌 비타협적 민족주의 세력과 사회주의 세력이 민족 유일당 운동을 펼치게 됩니다. 민족주의 진영의 조선 민흥회와 사회주의 진영의 정우회가 마음을 합하고, 정우회 선언을 통해 1927년 신간회가 발족됩니다.

1929년 11월 3일에 일어난 광주 학생 항일 운동은 한국 여학생을 추행하던 일본 남학생들과 이에 항의한 한국 남학생 간의

6.10 만세 운동 관련자의 공판 광경

충돌로 시작되었습니다. 이에 반일 감정이 폭발한 학생들은 곳곳에서 시위 운동을 벌였고, 학생 단체인 독서회와 성진회 등을 통해 시위가 전국으로 확산되었습니다. 잘못은 일본 학생이 먼저 했는데 우리 학생들에게만 처벌과 불이익을 주려 하자 신간회에서는 진상 조사단을 파견하기도 했습니다. 광주에서 시작되어 전국으로 퍼진 이 운동은 3.1 운동 이후 최대 항일 운동으로 평가받아서, 11월 3일이 학생의 날로 지정되기도 했지요.

농민과 노동자들의 운동도 일어납니다. 1923년, 전라남도 신안군에 있는 한 섬의 소작인들이 지주 문재철의 횡포에 항거했는데요, 이것이 암태도 소작 쟁의입니다. 1920년대에는 본격적으로 농민과 노동자의 단체가 생겨납니다. 처음에는 농민과 노동자를 합쳐 조선 노농 총동맹이 결성되었다가 1927년 조선 노동 총동맹, 조선 농민 총동맹으로 분화됩니다. 1929년에는 라이징 선 석유 회사의 일본인 관리가 조선인을 구타한 사건을 계기로 원산 노동자 총파업이 일어나기도 했습니다. 이 파업은 국내는 물론 중국, 프랑스 심지어 일본인 노동자들까지 지지와 격려를 보내왔습니다.

1920년대 국외: 치열한 항일 무장 투쟁의 전개

1910년대에 독립운동의 기반이 되는 기지 건설에 주력했다면, 1920년대에는 드디어 본격적인 항일 무장 투쟁이 시작됩니다. 정말 많은 무장 단체가 다양한 장소에서 일본군에 맞섰습니다. 승리도 많이 거두었고, 어려움도 적지 않았습니다. 큰 승리, 참변, 재정비, 밀약, 통합 등 1920년대 국외에서는 정말 많은 일들이 있었습니다.

홍범도 장군이 이끄는 대한 독립군의 주도하에 벌어진 봉오동 전투에서 우리는 대승을 거둡니다. 이에 일본군은 많은 병력을 투입해 독립군을 궤멸하고 싶었지만 우리 독립군이 주로 활동했던 지역이 중국 땅이라 함부로 들어갈 수 없었습니다. 그래서 사건을 하나 조작하는데요, 중국의 마적단을 매수해서 일본 영사관을 습격하게 한 후, 그것이 한국 사람의 짓이라고 날조합니다. 이것이 훈춘 사건입니다. 그리고 마적 토벌을 구실로 훈춘에 있던 조선인과 독립운동가를 무수히 학살하죠. 그러고는 만주 지역에서 활동하는 독립군을 공격하기에 이릅니다. 이때 김좌진 장군이 이끄는 북로 군정서의 주도하에 청산리 전투가 벌어지는데요, 여기서도 우리 독립군이 크게 승리합니다.

두 번의 전투에서 크게 패배한 일본은 아무 죄 없는 사람들에게 화풀이를 합니다. 간도 지역의 양민들이 학살된 간도 참변이 그 대표적인 예이지요. 이런 일련의 사건들을 거치며 독립군들도 많은 피해를 보게 돼요. 그래서 뭉칩니다. 따로 활동하고 있던 여러 독립군 단체들이 연합하여 대한 독립 군단을 조직합니다. 총재는 서일, 부총재는 홍범도, 참모부장은 김좌진, 군사 고문은 지청천이 맡습니다.

대한 독립 군단은 러시아의 지원을 기대하며 러시아 자유시로 이동합니다. 그런데 여기서도 문제가 생깁니다. 러시아가 무장 해제를 요구해 내부에서 분열이 일어난 것입니다. 그러다가 무장 해제에 저항하는 독립군을 러시아군이 공격하면서 결국 무력 충돌로 이어지고 많은 희생자가 발생합니다. 이 사건이 자유시 참변입니다.

독립운동에 일생을 바친 김좌진 장군의 업적을 기린 추념비

참변 이후 뿔뿔이 흩어진 독립군의 조직을 정비하고 역량을 강화하기 위한 움직임의 결과로 3부가 결성됩니다. 압록강 인근의 조직이 통합되어 임시 정부의 직할 부대 역할을 한 참의부, 남만주 일대에서 활동하는 정의부, 북만주 지역의 신민부로 정리되었죠. 3부는 그 지역의 행정뿐 아니라 군사 훈련과 작전도 수행했습니다. 군대이자 정부였던 것이지요.

만주 일대에 독립군이 다시금 자리를 잡았는데, 가만히 있을 일본이 아니죠. 일본의 경무국장 미쓰야 미야마쓰가 만주의 군벌 장쭤린과 협정을 맺습니다. 내용은 명확했으니, 만주 지역의 한인을 단속하라는 것. 독립군 한 명을 잡아 오면 얼마를 주겠다는 식이었죠. 또다시 위기에 봉착한 독립군들은 해법을 고민했고, 셋으로 흩어져 있지 말고 통합하자는 여론이 형성됩니다. 그렇게 북쪽에 혁신 의회, 남쪽에 국민부 2부로 통합됩니다.

1930년대 이후 독립운동가들의 활약

❶ 의열단과 조선 의용대

 1919년 만주 지린성 부근에서 신흥 무관 학교 출신들을 중심으로 의열 투쟁 단체인 의열단이 창설됩니다. 의열단의 단장은 사회주의 계열의 인사 김원봉이고, 1923년에 신채호가 쓴 「조선 혁명 선언」이 의열단의 활동 지침입니다. 의열단 단원들은 일제의 주요 기관을 기습합니다. 박재혁은 부산 경찰서에, 김익상은 조선 총독부에, 김상옥은 종로 경찰서에, 김지섭은 도쿄 궁성에, 나석주는 동양 척식 주식회사와 식산 은행에 폭탄을 던지는 의거를 행하죠.

 하지만 이런 개별적이고 단편적인 저항은 노력에 비해 일제에 가해지는 영향이 적었습니다. 개별 투쟁의 한계를 자각한 김원봉과 단원들은 조직적인 무장 투쟁을 익히기 위해 황푸 군관 학교에 입학해 미래를 준비합니다. 그리고 1932년 중국 국민당 정부의 지원을 받아 조선 혁명 간부 학교를 설립합니다. 우리 스스로 독립군 후예들을 키워 낼 수 있게 된 것입니다.

 1935년 김원봉은 중국 관내로 이동해 민족 혁명당을 조직합니다. 이 단체에는 민족주의 인사들까지 참여해 사회주의 세력과 민족주의 세력이 통합되는 모습을 보이죠. 하지만 그리 오래 가질 못합니다. 정치적 의견이 맞지 않아 곧 민족주의 인사인

조소앙, 지청천이 당을 이탈하지요. 민족 혁명당은 1937년 사회주의 계열 단체들과 다시 규합하여 조선 민족 전선 연맹을 결성합니다. 조선 민족 전선 연맹은 1938년, 중국 국민당 장제스의 지원을 받아 산하 부대인 조선 의용대를 창설합니다(조선 의용대가 만들어지는 과정이 좀 복잡한데요, 중요한 사안이니까 두세 번 더 읽어 보시길 바랍니다).

조선 의용대는 중국 관내에 만들어진 최초의 한인 무장 부대였습니다. 다만 병력이 미미했기에 격전지에 투입되기보다는 주로 후방에서 활동했습니다. 이에 화끈한 무장 투쟁을 원했던 일부 대원들이 화북 지방으로 이동합니다. 이들이 조선 의용대 화북 지대입니다. 이들은 중국 팔로군과 연합해서 호가장 전투에서 활약합니다. 조선 의용대 화북 지대는 이후 조선 의용군으로 이름을 바꾸고 조직을 개편한 후 조선 독립 동맹의 산하 부대가 됩니다. 한편 관내에 남아 있던 조선 의용대와 단장 김원봉은 임시 정부 산하 부대인 한국 광복군에 합류하게 되지요. 조선 의용대의 단장이었던 김원봉은 한국 광복군의 부사령관이 됩니다.

❷ 한중 연합 작전

1931년 만주 사변을 일으킨 일제는 1932년 만주국이라는 괴뢰 정부를 수립합니다. 이제 중국인들 사이에서도 반일 감정이 폭발합니다.

앞서 우리는 1920년대 후반, 만주 지역 우리 독립군의 상황을 살펴보았습니다. 참의부, 정의부, 신민부 3부에서 통합된 2부 기억하시나요? 북쪽에 혁신 의회, 남쪽에 국민부였습니다. 그 후 혁신 의회는 한국 독립당으로 개편되고 국민부는 조선 혁명당이 됩니다. 당군으로 각각 한국 독립군과 조선 혁명군을 두지요. 1930년대에

한국 독립군과 한국 광복군의 총사령관을 역임한 지청천

들어서면서 한중이 반일로 뭉칩니다. 총사령관 지청천이 이끄는 한국 독립군은 중국의 호로군과 연합하여 쌍성보 전투, 대전자령 전투, 사도하자 전투에서 일본군을 소탕합니다. 양세봉 장군의 조선 혁명군은 중국의 의용군과 함께 영릉가 전투, 흥경성 전투에서 큰 승리를 거둡니다. 이토록 우리의 아픈 역사 한가운데에는 처절하고 숭고한 투쟁을 멈추지 않았던 영웅들이 있었음을 잊지 말아야겠습니다.

8부
현대

드디어! 1945년 우리는 국권을 회복하고 독립을 맞이합니다. 하지만 이 독립이 바로 평화와 번영으로 이어지진 않았습니다. 남북이 분단되고 같은 민족끼리 총칼을 겨누는 비극을 경험합니다. 진정한 민주화를 이뤄 내기 위해 많은 희생들도 있었습니다. 그러나 우리는 세계가 놀랄 만큼의 엄청난 회복력을 가지고 있었죠. 그럼 가까워서 더 와닿는 현대의 역사, 함께 알아보겠습니다.

광복 전 국내외 분위기는?

제2차 세계 대전이 막바지로 치닫고 일본의 패망 조짐이 점점 선명해집니다. 국내에서는 독립에 대한 준비를 차근차근 해 나갑니다.

북쪽의 움직임부터 살펴보죠. 중국 팔로군과 연합해 활약했던 조선 의용군을 기억하시죠? 조선 의용대 화북 지대에서 개편된 부대죠. 이 조선 의용군은 1942년 김두봉을 필두로 사회주의 세력이 결집한 조선 독립 동맹의 당군이 됩니다. 그리고 조선 독립 동맹은 건국 강령도 발표합니다.

한편 남쪽에서는 1944년 여운형이 중심이 되어 조선 건국 동맹을 조직합니다. 민족주의자와 사회주의자가 적절히 결합한 이 단체는 광복 후 조선 건국 준비 위원회로 발전합니다.

세계 각국도 우리의 광복을 예견하며 여러 회담을 갖습니다. 1943년 미국, 영국, 중국의 수뇌가 이집트 카이로에서 얼굴을 맞댑니다. 이 카이로 회담에서 최초로 한국의 독립에 관한 논의를 했습니다. 다만 적절한 시기에 적절한 절차를 통해 독립시킨다는 다소 모호한 내용이었습니다. 1945년 2월에는 소련의 얄타에 미국, 영국, 소련의 정상이 모입니다. 얄타 회담에서 소련은 대일전에 참전할 것을 결정하죠. 그리고 광복 직전인 1945년 7월, 독일 베를린 근교에 있는 포츠담에서 미국, 영국, 중국, 소련 네 나라의 최고 지도자들이 회의를 합니다. 그리고 포츠담 선언을 통해 카이로 회담 때 언급했던 한국의 독립을 재확인하지요.

기다리고 기다리던 광복! 그러나

"대한 독립 만세!" 드디어 암울했던 일제의 35년 강점이 끝나고 1945년 8월 15일 광복을 맞이합니다. 여운형, 안재홍 등이 주축이 된 조선 건국 준비 위원회가 바삐 움직입니다. 먼저 치안대를 조직합니다. 항복 선언 후 급하게 철수한 일본 경찰의 빈자리를 얼른 채워야 사회가 혼란하지 않을 테니까요. 그러면서 나라를 세웠음을 선포합니다. 바로 조선 인민 공화국입니다

(여기서 잠깐! 1948년 9월 9일에 북한이 세운 정부의 이름은 조선 민주주의 인민 공화국입니다. 광복 직후 서울에서 선포한 조선 인민 공화국과 이름이 비슷해서 착각하기 쉬우니 한 번 짚고 넘어가겠습니다). 하지만 건준위가 세운 조선 인민 공화국을 미군정은 인정하지 않습니다. 참고로 미군정은 충칭의 임시 정부도 인정하지 않습니다. 미군정 외에는 그 어느 정부도 인정하지 않았던 거죠.

광복과 동시에 미군과 소련군은 일본군의 완전 무장 해제를 명분으로 앞다투어 한반도에 들어옵니다. 이들은 38도선을 경계로 북쪽은 소련군이, 남쪽은 미군이 관리하기로 결정합니다. 1945년 12월에 모스크바에서는 3국 외상 회의가 열립니다. 미국, 영국, 소련의 외무부 장관들이 모여 결정한 사안이 크게 세 가지입니다. 한반도에 민주적인 임시 정부를 수립할 것, 임시 정부 수립을 지원하는 미소 공동 위원회를 설치할 것, 그리고 임시 정부를 수립하려면 시간이 좀 필요하니 최대 5년간의 신탁 통치를 한다는 내용이었습니다.

이 소식이 처음 한국에 알려졌을 때, 사회주의, 민족주의 가릴 것 없이 좌우 진영 모두 신탁 통치에 반대합니다. '35년 강점에서 드디어 해방되었는데, 또?' 하는 마음이었죠. 그러다 점차 진영 간의 의견 대립이 심화됩니다. 박헌영 등의 사회주의 세력은 결국은 임시 정부를 수립한다는 것에 방점을 찍고 신탁 통치에 찬성하는 입장으로 선회합니다. 그러나 김구, 이승만 등 민족주의 세력은 여전히 반탁을 고수하지요. 이런 좌우 간의 찬반 대립은 점점 심화되며 오래 지속됩니다.

그러다 1946년 봄 덕수궁 석조전에서 제1차 미소 공동 위원회가 열리지요. 그런데 회의 참석 자격을 놓고 이번엔 미국과 소련이 충돌합니다. 소련은 모스크바 3국 외상 회의의 결의에 찬성하는 찬탁주의자만 부르자고 하고, 미국은 신탁 통치에 찬성하든 반대하든 한국인 모두를 협의 대상으로 해야 하니 반탁주의자도 불러야 한다는 입장이었죠. 결국 회의는 성과 없이 결렬됩니다.

찬탁 vs 반탁, 그리고 제주 4.3 사건

신탁 통치 찬반의 대립이 격렬한 상황에서, 이승만이 전국 각지를 순회하던 중 정읍에서 놀라운 이야기를 합니다. "남한만이라도 단독 정부를 수립하자." 이것이 정읍 발언입니다. 이승만이 단독 정부 수립을 공식적으로 언급하자 자칫 한반도가 남과 북으로 나뉠 수도 있다는 불안이 엄습해 옵니다. 그리하여 중도 좌파 여운형과 중도 우파 김규식의 주도로 좌우 합작 위원회를 결성하고, 임시 정부 수립, 토지 무상 분배, 산업 국유화 등의 내용이 담겨 있는 좌우 합작 7원칙을 발표합니다. 처음엔 미군정도 좌우 합작 운동을 지지합니다. 하지만 당시 미국 대통령 트루먼이 냉전을 공식적으로 선언하는 등 민주주의와 공산주의의 대립이 첨예화되면서 미군정은 지지를 철회하죠. 게다가 여운형이 암살을 당하는 사건이 일어나면서 좌우 합작 운동은 실패로 끝납니다.

미군과 소련군이 남북으로 맞닿아 있던 한반도에는 긴장감이 흐릅니다. 그 와중에도 제2차 미소 공동 위원회가 열립니다. 그러나 여전히 냉랭한 분위기에서 미소 양국의 의견 조율은 쉽지 않았고 이번에도 별 성과 없이 회의는 종결되지요. 미국은 한반도 문제를 UN에 넘깁니다.

1947년 11월 UN 총회에서는 인구 비례에 따른 남북한 총선 실시를 결의합니다. 이런 결정에 누가 반대했을까요? 인구가 많지 않은 북쪽이었습니다. 소련은 UN에서 파견한 한국 임시 위원단의 입북을 거부합니다. 분위기가 심상치 않아지자 남북의 분단을 걱정했던 김구가 '3천만 동포에게 눈물로 고함'이라는 성명을 발표하기도 합니다. 그럼에도 불구하고 UN은 소총회를 열어서 선거 가능 지역, 다시 말해 남한에서만이라도 총선을 실시하라는 결정을 내리죠. 남쪽 인사들은 상황을 두고 볼 수만은 없다며 북으로 향합니다. 김구, 김규식이 북의 김일성, 김두봉을 만나 남북 협상이 이뤄집니다. 평양에서 열린 전조선 제정당 사회단체 대표자 연석회의에서 남과 북의 정치 지도자들이 여러 이야기를 나눴지만 이렇다 할 성과는 없었습니다.

　남북 협상이 성사되기 전, 제주에서는 실로 비극적 사건이 벌어집니다. UN 소총회의 남한 단독 선거 결정과 광복 이후 복구되지 않는 사회 문제 등의 이유로 제주에 있던 좌익 세력이 무장 봉기했습니다. 그리고 안타깝게도 이를 진압하는 과정에서 무고한 도민들이 희생당한 사건이 일어납니다. 1948년 시작되어 무려 7여 년간 계속된 너무나 가슴 아픈 역사, 제주 4.3 사건입니다. 이후 철저히 베일에 가려져 있던 이 사건은 수십 년이 지나서야 제대로 된 진상 규명에 착수할 수 있었습니다. 2000년에야 제주 4.3 특별법이 제정된 것입니다.

남한만의 총선을 실시하고 대한민국 정부가 수립되다

　1948년 5월 10일 결국 남한만의 단독 총선거가 실시됩니다. 여러 가지 면에서 아쉬웠지만, 우리나라 최초의 보통 선거였다는 점은 역사적 의의가 있습니다. 그렇게 국회 의원 198명이 선출됩니다. 원래 200명을 뽑아야 하지만, 제주 4.3 사건으로 인해 제주도의 2개 선거구에서 선거가 치러지지 못한 겁니다. 빠진 2명은 나중에 보궐 선거를 통해 채워지지요.

　5.10 총선거를 통해 뽑힌 국회 의원들의 최우선 과제가 무엇

이었을까요? 네, 나라를 이끌어 가는 데 기준이 되는 헌법을 만드는 겁니다. 그래서 이때 구성된 국회를 제헌 국회라 합니다. 원래 국회 의원의 임기는 4년이지만, 당시 제헌 국회 의원의 임기는 2년이었지요.

1948년 7월 17일, 국회는 헌법을 만들어 공포합니다. 제가 학교 다닐 때는 국경일이고 공휴일이었지만 지금은 쉬지는 않는, 제헌절입니다. 제헌 국회는 국가 체제를 대통령제로 정하고, 대통령의 선출 방식은 국민들이 직접 뽑는 직선제가 아닌 국회 의원들이 대신 뽑는 간선제를 택합니다. 그렇게 1948년 8월 15일 대한민국 정부가 수립되고 초대 대통령 이승만이 취임합니다. 부통령은 이시영이 맡지요.

광복이 되고 얼마 지나지 않은 시점이었기 때문에, 2년이라는 짧은 임기에 비해 제헌 국회 의원이 해야 할 일은 정말 많았습니다. 친일파 청산을 위한 반민족 행위 처벌법, 일제가 착취했던 땅을 다시 분배하기 위한 농지 개혁법 등 굵직굵직한 법들을 제헌 국회가 만들고 이승만 대통령이 발표합니다.

앞서 언급했듯이, 제주 4.3 사건은 그해에만 일어났다가 끝나지 않았습니다. 그 후로도 꽤 오랜 시간 이념 갈등이 지속되며 양민들의 희생을 야기시켰습니다. 1948년 10월, 이승만 정부는 제주와 가까운 지역인 여수·순천에 있는 군인들에게 4.3 사건의 진압을 명령합니다. 그러나 명령을 거부한 세력들이 무장 봉기 후 여수와 순천을 점령하는 사건이 일어납니다. 정부는 서둘러 진압군을 파견하여 일주일여 만에 모든 지역의 상황을 정리했지만, 그 과정에서 대규모 민간인 학살이 발생했습니다. 이를 여수·순천 10.19 사건이라 부릅니다.

이승만 정부가 해결해야 했던 과제들

국회가 만든 반민족 행위 처벌법에 따라 이승만 정부는 이른바 친일파 처단을 위한 반민족 행위 특별 조사 위원회, 일명 반민특위를 조직합니다. 하지만 이승만 정부에서 최우선시되는 가치가 있었는데요, 바로 반공입니다. 1949년 5월과 6월에 국회 프락치 사건이 발생합니다. 제헌 국회의 국회 의원들 중에 남조선 노동당과 내통하는 사람이 있다는 첩보를 입수하고 그들을 검거 기소합니다. 그런데 이 사건에 연루된 국회 의원들 중에 반민특위 소속 위원들이 다수 포함되어 있었어요. 그래서 경찰이 반민특위 사무실을 습격합니다. 이러니 친일파 청산 활동을 제대로 할 수 없었겠죠? 결국 반민특위는 목적을 달성하지 못한 채 1949년 10월 해체됩니다.

농지 개혁법에 따라서는 '유상 매수 유상 분배' 방식의 토지 분배가 이뤄집니다. 참고로 북한은 '무상 몰수 무상 분배'이지요. 한 농가의 토지 소유 한도를 3정보(약 30,000제곱미터)로 정하고, 초과분을 국가에 반납하면 국가는 지주에게 지가 증권을 지급했습니다.

1948년 12월 한미 원조 협정이 체결됩니다. 미국의 남는 농산물을 지원받은 것인데요, 그 대표가 밀가루, 사탕수수, 면화였습니다. 그런데 묘하게도 이 셋 모두 흰색이죠. 제분, 제당, 면방직 세 가지 하얀색 원조 물품을 원료로 한 산업, 이른바 '3백 산업'이 이때부터 융성합니다.

동족상잔의 비극 6.25 전쟁

1948년 8월 15일에는 대한민국 정부가, 9월 9일에는 조선 민주주의 인민 공화국이 수립됩니다. 남과 북에 각각 정부가 수립이 된 후 미국·소련 양군은 철수합니다. 그때 중국에는 공산 정권이 들어섰고, 북한의 최고 지도자 김일성은 중국, 소련과 친하게 지내죠.

1950년 1월, 미국의 국무 장관 딘 애치슨의 애치슨 선언이 발표됩니다. 미국의 극동 방위선에 관한 내용인데요, 놀랍게도 남한과 타이완이 이 방위선, 소위 '애치슨 라인' 밖에 있었습니다. 미국이 선을 그어 정한 방위 구역에서 남한이 빠졌다? 이에 북한은 남한을 침공하더라도 미국의 무력 지원은 없을 것이라 판단하고, 1950년 6월 25일 일요일 새벽에 남침을 강행합니다. 전쟁에 대한 대비가 전혀 없었던 남한은 곧바로 서울을 뺏기고 남쪽으로 밀려납니다. 급하게 부산을 임시 수도로 삼아 낙동강 전선을 구축하며 힘겹게 버텼죠.

1950년 9월 15일, 기적 같은 일이 일어납니다. UN군 사령관 맥아더 장군의 인천 상륙 작전이 성공한 것이지요. 순식간에 허리가 끊긴 북한 인민군은 북쪽으로 밀려 올라갑니다. 9월 28일 서울 수복에 이어 10월 1일에는 제3 보병 사단, 일명 백골 부대가 최초로 38도선을 넘습니다. 그래서 10월 1일이 국군의 날로 지정되었죠. 북진은 멈추지 않았습니다. 결국 국군은 압록강 일대까지 진격합니다.

이대로 통일이 이루어지나 했는데 변수가 발생합니다. 중국 공산당 군대가 개입하며 상황이 바뀌어 버린 것입니다. 장진호 전투에서 중국 공산당 군대에게 큰 피해를 입은 UN군은 흥남에서 대규모 철수 작전을 벌였습니다. 그런데 그곳 흥남에는 피난할 때를 놓쳐 한겨울에 오갈 데가 없어진 피난민들이 대거 모여 있었습니다. 이들을 위해 국군과 미군은 아름다운 결정을 합니다. 선적했던 무기를 내리고 그 자리에 피난민을 태워 거제도로 출발한 것이지요. 12월 15일부터 12월 24일까지 진행된 이 흥남 철수 작전의 미담을 크리스마스의 기적이라 부릅니다.

흥남 부두 철수 작전 당시 모습

　1951년 1월 4일에는 서울을 다시 포기하고 퇴각합니다(1.4 후퇴). 이후 전선의 오르내림이 반복되며 전쟁은 교착 상태에 빠집니다. 결국 소련의 제의로 개성에서 첫 번째 정전 회담이 열리는데요, 포로 송환 문제로 양쪽 의견이 갈리죠. 미군은 포로들이 원하는 진영으로 가게 하자는 자유 송환을, 소련은 무조건 해당 국가로 보내자는 강제 송환을 주장했습니다. 그 후 약 2년간 국지전과 정전 회담이 반복되었고, 1953년 6월 18일, 정전을 원치 않았던 이승만은 미군과의 상의 없이 거제도에 있던 반공 포로를 석방해 버립니다. 우여곡절 끝에 결국 1953년 7월 27일 판문점에서 정전 협정이 체결되면서 3년 동안 한반도에서 일어난 비극적인 전쟁은 멈추게 됩니다.

한 줄 코드

 6.25 전쟁 주요 사건을 정리해 봅시다!

인천   흥남후   1·4반

낙상 중 철퇴 공정하냐?

동강방어선   류작전   국공산군합류   수   포로석방   전협정체결

전쟁 중 휘리릭 통과된 1차 개헌

현대사에서는 바뀐 정부의 정책들뿐만 아니라 개헌의 역사도 잘 기억해 두어야 하는데요, 개헌이 왜 있었고 또 그 결과가 어떠했는지를 보면 현대사 전체의 흐름을 알 수 있거든요. 헌정 사상 첫 번째 개헌은 놀랍게도 6.25 전쟁 중에 있었습니다.

잠깐 한국 전쟁 때로 다시 돌아가 볼까요? 북한의 기습 남침 이후 3일 만에 서울이 함락되고 수도를 부산으로 옮기죠. 그리고 낙동강까지 전선이 내려왔다가 맥아더의 인천 상륙 작전 성공으로 압록강까지 올라갔지만, 중국 공산당 군대가 가세해 1951년 1.4 후퇴를 합니다. 이때 병력을 총동원하기 위해 장정들을 징집하여 국민 방위군을 결성하는데요, 이 국민 방위군을 이끈 고위 장교들의 비리가 세상에 밝혀집니다. 이들이 예산을 횡령해 자기들 배를 불리는 사이 방위군은 아사하고 동사하는 일이 속출한 것이죠. 이에 이승만 정부에 대한 신뢰가 바닥으로 추락합니다. 게다가 1950년에 치른 2대 국회 의원 선거에서 이승만 정부에 우호적인 의원들이 대거 탈락합니다. 국회 의원이 대통령을 선출하는 간선제를 따르던 당시 체제에서, 사회적으로나 정치적으로나 이승만 대통령이 다음 대선에 당선될 가능성이 높지 않았겠죠?

그래서 이승만 정부는 정·부통령을 국민이 직접 뽑는 직선제로 개헌하길 바랐습니다. 이를 위해 정부는 비상계엄을 선포하고, 50여 명의 국회 의원이 탄 통근 버스를 강제로 연행합니다. 이 사건을 부산 정치 파동이라고 합니다. 경찰이 의원들을 연행해 한 자리에 모은 후, 험악한 분위기 속에서 개헌에 대한 기립 표결을 진행하죠. 그렇게 1952년 7월 1차 개헌이 통과가 됩니다. 이를 '발췌 개헌'이라고도 하는데요, 직선제와 양원제를 제안한 정부 측과 국회의 국무 위원 불신임권을 주장한 국회 측 양쪽의 의견들 중 몇 가지를 발췌한 개헌이라는 뜻입니다. 새로운 헌법에 의해 이승만 대통령은 같은 해 8월, 재선에 성공합니다.

부결에서 가결로, 2차 개헌

1954년 2차 개헌이 있었습니다. 2차 개헌에서 가장 중요한 내용은 헌법을 공포할 당시의 대통령에 한해서 중임 제한을 철폐한다는 것이었죠. 쉽게 말해 초대 대통령 이승만만이 계속해서 대통령을 할 수 있다는 내용이었습니다.

개헌안이 통과되기 위해서는 당시 국회 의원 총 203명의 3분의 2 이상이 찬성을 해야 했는데요. 203명의 3분의 2를 계산하면 135.333……인데, 공교롭게도 찬성이 135표가 나온 것입니다. 그렇게 개헌안은 부결되죠. 그런데 그다음 날 한 수학자가

'사사오입'을 주장합니다. '4 이하는 버리고 5 이상은 올린다.' 반올림 원칙에 따라 0.3333……의 숫자는 버려야 한다고 주장한 것이죠. 결국 개헌안에 135명만 찬성하면 통과된다는 말이었습니다. 이틀 후 부결되었던 개헌안이 가결됩니다. 이로써 이승만 대통령이 다음 대선을 치를 수 있는 자격을 얻고, 야권에서는 예전의 헌법을 수호하겠다는 마음으로 규합한 범야당 연합인 호헌 동지회가 구성됩니다. 호헌 동지회 회원들은 후에 민주당을 창당하지요.

3대 대통령 선거와 진보당 사건

당시 대통령의 임기는 4년이었습니다. 1948년 1대, 1952년에 2대, 그럼 1956년에 3대 대통령 선거가 있었겠죠? 앞선 두 개헌으로 인해 선거 방식은 직접 선거가 되었고, 이승만 대통령이 다시 여당 후보로 나섭니다. 야권에는 민주당의 신익희 후보, 무소속 조봉암 후보가 있었는데요, 신익희는 선거를 며칠 앞두고 사망합니다. 3대 대통령으로 이승만이 당선되죠. 그런데 선거 결과에 주목할 만한 사안이 한 가지 있었습니다. 조봉암 후보가 30퍼센트 이상의 표를 얻으며 꽤 선전을 했다는 것이지요. 시간을 훌쩍 건너뛰어 1958년, 이승만 정부는 공산주의 세력,

**3대 대통령 선거 당시
이범석, 조봉암 후보의 포스터**

반정부 세력을 향해 칼을 뽑아 듭니다. 이른바 보안법 파동으로, 여당인 자유당이 단독으로 신국가 보안법을 통과시킨 후, 정부에 반하는 언론과 야당들을 탄압합니다. 그리고 3대 대선 때 다크호스로 떠올랐던 진보당의 영수 조봉암이 주장한 평화 통일론을 문제 삼아요. 그리고 조봉암에게 간첩 혐의를 씌워 체포합니다(진보당 사건). 1959년 조봉암은 사형을 당하고, 정부를 비판하는 기사를 많이 썼던 『경향신문』은 폐간됩니다.

1960~1970년대
독재 정권과 저항

3.15 부정 선거로 시작된 4.19 혁명

4대 대선은 1960년 3월 15일에 있었습니다. 여전히 이승만 대통령이 출마했고요, 큰 이변이 없는 한 이승만 대통령의 당선이 유력했습니다. 중요한 것은 오히려 이승만 대통령의 뒤를 이을 부통령이었습니다. 그래서 부통령 후보였던 이기붕의 당선을 위해 부정 선거가 자행됐지요.

선거 전부터 야당 후보의 유세를 방해하는 공작이 펼쳐집니다. 그래서 2.28 대구 민주화 운동이 일어나지요. 야당 부통령 후보인 장면의 선거 유세가 2월 28일 일요일에 있었습니다. 유세장으로 학생들이 몰려 언론의 주목을 받는 것을 우려한 당국이 일요일임에도 학생들을 학교에 나오게 했습니다. 이에 학생들이 강력하게 반발하며 불의와 부정을 규탄한 것이 2.28 대구

4대 대통령 선거 당시 입후보자 포스터

민주화 운동입니다.

본격적인 투표가 시작되었고, 다양한 방식으로 부정 선거가 이루어졌습니다. 선거 조작을 너무 열심히 한 나머지 이기붕의 득표율이 99퍼센트, 어떤 지역들은 유권자 수보다 득표 수가 더 많이 나오는 어처구니없는 결과가 생기기도 했습니다.

부정 선거에 반발해 이곳저곳에서 시민들이 들고일어납니다. 먼저 마산에서 시위가 일어나는데요, 이 시위에 참여했던 김주열 학생이 진압대가 쏜 최루탄에 맞고 사망한 채로 실종 27일 만에 마산 앞바다에서 발견되는 끔찍한 사건이 벌어집니다. 이에 4월 18일 고려대 학생들의 의거를 시작으로 4월 19일 전국

4.19 혁명에 참가한 어린 학생들

적인 시위가 일어났습니다. 바로 4.19 혁명입니다.

정부는 비상계엄을 선포하고 시위대를 진압했습니다. 하지만 학생과 시민들의 분노는 잦아들지 않았지요. 전국 곳곳에서 다양한 시위들이 일어나다가, 4월 25일에는 대학 교수단까지 시국 선언을 합니다. 학생, 시민에 이어 지식인들까지 모두가 한마음으로 항의한 것이지요. 1960년 4월 26일, 결국 이승만은 하야 성명을 발표합니다. 12년간 지속되었던 이승만 정부가 막을 내리는 순간이었습니다.

허정 과도 정부, 최초의 내각 책임제 개헌을 이뤄내다

부정 선거로 얼룩진 4대 대선은 무효가 됩니다. 그래도 나랏일을 이어 가야죠? 당시 외무부 장관이었던 허정이 대통령 권한 대행을 맡아 과도 정부를 구성합니다. 이때 국회에서는 3차 개헌이 이루어지는데요, 이는 우리나라 최초이자 유일했던 내각 책임제 정부와 양원제 국회를 구성할 수 있는 개헌이었습니다. 다수당의 총수가 내각을 맡고, 외교 활동을 맡는 대통령은 간접 선거로 뽑는 형태였죠. 새로운 헌법에 의거한 총선거가 실시되어 1960년 6월, 민주당의 장면을 내각의 책임자인 총리로, 윤보선을 4대 대통령으로 내세운 제2 공화국이 출범합니다.

장면 내각은 그리 오래가지 못해 많은 분들이 잘 기억하지 못할 정도입니다. 불과 11개월밖에 존속하지 못했지만, 경제 개발 5개년 계획을 수립했고 개헌도 합니다. 이 네 번째 개헌도 별칭이 있는데요, 소급 입법 개헌입니다. 3.15 부정선거 관련자 처벌과 관련해서 소급해서 법을 적용하겠다는 것이지요. 법의 원칙 중에 법률 불소급의 원칙이라는 것이 있죠. 새로 제정된 법률은 그 이전에 발생한 사실에 소급하여 적용되지 않는다는 것인데요, 4차 개헌만은 예외적으로 소급 적용한 것입니다.

5.16 군사 정변과 박정희 정권의 시작

1961년 5월 16일, 군사 정변이 일어납니다. 당시 육군 소장이던 박정희를 중심으로 모인 일부 군인들이 물리력으로 장면 정부를 무너뜨린 것이죠. 정권을 장악한 군부 세력은 통치 기구로서 군사 혁명 위원회를 만들었다가 곧 국가 재건 최고 회의로 이름을 바꿉니다. 이 기구는 입법, 행정, 사법 3권을 모두 행사했지요. 그렇게 군정이 시작되었고, 약 1년이 흐른 뒤 군사 정부에서 민정으로의 이양을 위한 준비를 합니다. 5차 개헌을 통해 많은 부분을 예전으로 돌려놓습니다. 정부 체제는 내각 책임제에서 다시 대통령제로, 대통령 선출 방식도 간선에서 다시 직선으로, 국회의 형태도 양원제에서 다시 단원제로 바꿉니다.

바뀐 헌법에 따라 1963년 5대 대통령으로 박정희가 당선됩니다. 이때를 제3 공화국이라고 부르죠. 1972년 10월 유신 전까지의 박정희 정부를 의미하지요. 유신 이후는 당연히 제4 공화국입니다.

제3 공화국 박정희 정부가 가장 집중한 분야는 경제 부흥이었습니다. 다양한 방법으로 경제 발전을 도모했는데요, 그 과정에서 반대와 부작용도 적지 않았습니다. 먼저 그간 연락을 끊고 지내던 일본과 다시 국교를 맺습니다. 그러나 그 과정이 순탄치만은 않았습니다. 1962년 당시 중앙정보부장 김종필과 일본 외상 오히라의 단독 회담 결과가 적힌 비밀 메모가 세상에 알려지자 엄청난 파문이 일었습니다. 일본의 공식적 사과 없이 원조와 차관을 받으려는 정부의 협상 시도에 반대해 민중 시위도 일어납니다. 이를 6.3 시위라고 불러요. 그러나 1965년 결국 유, 무상 차관을 들이는 조건과 함께 한일 국교 정상화가 이뤄집니다.

일본 외에도 여러 나라의 원조를 통해 경제 발전을 도모했는데요, 1964년부터 미국의 지원 요청에 따라 베트남 전쟁에 우리 군인을 파병합니다. 1966년에는 브라운 각서를 조인해 추가 파병을 하는 대신 그 보상으로 미국의 경제적, 군사적 원조를 받기도 하죠. 서독에 우리 인력을 파견하기도 합니다. 이른바 3D 업종에 속하는 광부, 간호사였죠. 정부는 이들의 노동력과 임금을 담보로 상업 차관을 얻기도 했습니다.

장면 내각 때부터 준비 중이었던 경제 개발 5개년 계획이 제3 공화국 때 시행됩니다. 총 4차 계획이었는데요, 그중 1960년대의 1, 2차 계획은 노동 집약적인 경공업 위주로, 1972년부터 실시한 3, 4차 계획은 중화학 공업 중심으로 진행됩니다.

1960년대 노동 집약적 산업의 발달 과정에서 부작용이 생깁니다. 바로 노동 문제입니다. 정부의 저임금·저곡가 정책 기조 때문에 섬유, 가발, 신발 등을 생산하기 위해 쉼 없이 일했던 노동자와 1년 내내 고생하며 농사를 지었지만 제값을 받지 못한 농민들은 더욱 힘들어졌지요. 1970년에는 평화 시장에서 재단

사로 일하던 전태일이 근로 기준법 준수를 요구하며 분신 항거한 사건이 일어나며, 정부 주도의 산업화 과정에서 희생당하던 노동자의 삶이 사회 문제로 부각되기도 했습니다.

 북한과의 관계는 어떠했을까요? 그리 좋지 않았습니다. 북한의 특수 요원이 청와대를 습격하는 사건과 울진, 삼척에 무장 공비가 침투하는 사태도 일어났습니다. 그래서 만들어진 것이 향토 예비군입니다. 불안한 남북 관계에서 예비 군대가 필요하다는 판단으로 생겨났죠.

 그러다 시간이 흐르며 남북 간의 긴장감이 조금 풀리기도 합니다. 1969년 미국 대통령 닉슨이 외교 정책을 발표했는데요, 미국이 더 이상 아시아 전쟁에 개입하지 않겠다는 내용이었죠. 자연스럽게 냉전 분위기가 완화됩니다. 이 분위기를 이어 1972년 남북이 함께 7.4 남북 공동 성명을 발표합니다. 자주, 평화, 민족 대단결이라는 평화 통일의 3대 원칙이 담겨 있는 이 성명의 후속 조치로 남북 조절 위원회도 설치됩니다.

초헌법적인 비상조치와 유신 헌법의 공포

 1969년, 박정희 대통령은 정권 연장을 위해 대통령의 3선이 가능하도록 하는 6차 개헌을 공포합니다. 그리고 1972년 강력하면서도 장기적인 집권을 위해 10월 유신을 발표합니다. 이 초헌법적인 비상조치로 국회가 해산되고 비상 국무 회의에 의한 7차 개헌도 단행되죠. 이렇게 마련된 개정 헌법을 유신 헌법이라고 합니다. 유신 헌법의 주요 내용은 이렇습니다. 대통령의 임기는 6년이고, 중임 제한은 없습니다. 직선이었던 대통령 선출 방식은 다시 간선으로 바뀌지요. 단, 그동안은 국민의 대표인 국회 의원이 대통령을 뽑았지만, 유신 체제 안에서는 통일 주체 국민 회의라는 헌법 기관에서 대통령을 선출합니다. 대통령은 이 회의의 의장이 됩니다. 유신 헌법에 규정된 대통령의 권한은 실로 엄청났습니다. 국회 의원 3분의 1을 추천할 수 있고, 국회 해산권도 가집니다. 또 긴급 조치권을 부여받아 언제든 국민의 기본권을 제한할 수 있었습니다.

유신 시절, 국가 권력이 워낙 강력했으니 국민들이 가만히 있었을까요? 아닙니다. 크고 작은 저항의 움직임이 있었어요. 장준하 등의 주도하에 개헌 청원 100만인 서명 운동이 일어납니다. 1974년에는 전국 민주 청년 학생 총연맹 소속 학생들이 유신 반대를 목 놓아 외치다 체포됩니다. 이른바 민청학련 사건입니다. 정부는 이 사건의 배후로 10년 전 1차 사건이 있었던 인민 혁명당의 재건 위원회를 지목합니다. 이들을 북한의 지령을 받은 지하 조직으로 규정하고 구속과 사형을 집행하게 되죠. 이를 2차 인혁당 사건, 인혁당 재건위 사건이라고도 부릅니다.

1976년에는 3.1 민주 구국 선언 사건이 일어납니다. 정계, 학계 인사들이 명동 성당에서 미사 중에 선언을 낭독하고 구속된 일이죠.

1979년에 일어났던 YH 무역 사건은 유신 체제 종식의 도화선이라는 평가를 받습니다. YH 무역은 가발 수출을 하던 큰 회사였는데, 갑자기 폐업 조치를 단행합니다. 이에 하루 12시간 이상의 고강도 노동과 저임금에 시달렸던 여성 생산직 노동자들이 농성을 시작했는데요, 농성 장소가 특이합니다. 바로 당시 야당이었던 신민당의 당사였습니다. 경찰이 강제 진압을 하자 당시 신민당 총재였던 김영삼이 사태 해결을 위해 나섰지만 좌절됩니다. 결국 김영삼은 YH 무역 사건과 더불어, 정부를 비판하는 내용의 『뉴욕 타임스』 인터뷰가 발단이 되어 국회 의원에서 제명됩니다.

석유 파동의 여파로 기업들이 줄도산하는 경제적 위기에 정치적 혼란까지 더해지자 억눌렸던 국민들의 분노가 폭발합니다. 1979년 10월 16일부터 김영삼의 정치적 고향인 영남권의 부산과 마산에서 대규모 시위가 발생했습니다(부마 민주 항쟁). 반유신의 분위기가 거세지자 박정희 정권 내부에서도 분열이 일어납니다. 결국 중앙정보부장 김재규가 박정희 대통령을 권총으로 살해하는 10.26 사태가 벌어지면서 유신 체제가 종식되고, 1961년부터 18년간 지속됐던 박정희 정부가 끝납니다.

쉽게 기억하는 현대사 주요 사건 연도

"오이? 국회 의원들이 날 안 좋아해?"
☞ 1차 개헌(발췌 개헌): **1952**년

"글쎄, **5**는 세우고 **4**는 버리는 거라니까!"
☞ 2차 개헌(사사오입 개헌): **1954**년

"그냥 읽어도 61.5.16,
거꾸로 읽어도 61.5.16"
☞ 5.16 군사 정변: **1961**년

"삼육구, 삼육구!
3선 개헌은! **6**차 개헌이고! 1**969**년!"
☞ 6차 개헌(3선 개헌): **1969**년

또다시 일어난 쿠데타와 5.18 민주화 운동

　대통령의 갑작스러운 죽음으로 당시 총리였던 최규하가 급하게 10대 대통령으로 선출되고 과도 정부가 출범합니다. 과도 정부는 제주도를 제외한 전국에 비상계엄을 선포했고, 당시 보안사령관이었던 전두환 소장이 10.26 사태의 수사를 전담하는 계엄사 합동 수사본부장을 맡습니다. 그런데 전두환과 군 내 사조직인 하나회 회원들이 주축이 된 신군부는 1979년 12월 12일, 쿠데타를 일으키고 군 지휘권을 장악합니다(12.12 사태). 그리고 시국 수습을 명목으로 1980년 5월 17일에 비상계엄을 전국으로 확대합니다. 계엄령 해제와 민주주의 회복을 간절히 바라고 있던 국민들에게는 청천벽력 같은 조치였겠지요.
　5월 18일, 광주를 중심으로 민주화 운동이 일어납니다. 군의 진압이 강경해질수록 더 많은 시민들이 시위에 참여했고, 나중에는 시민군까지 결성해서 계엄군에 대항합니다. 하지만 안타깝게도 결국 수많은 희생자만 남긴 채 군에 진압되며 마무리됩니다.

신군부는 국가 보위 비상 대책 위원회를 통해 언론 기본법을 발표하고 언론을 장악합니다. 또 국민들의 정신을 교화한다는 명목으로 세운 삼청 교육대에 반정부 세력을 입소시켜서 고문에 가까운 훈련을 시키거나 노동을 강요하는 등 인권을 유린했습니다. 그리고 당시까지는 존재했던 통일 주체 국민 회의를 통해 11대 대통령으로 전두환이 선출됩니다.

전두환 정부는 바로 개헌을 하는데요, 이 8차 개헌으로 대통령 선출 방식과 임기가 대통령 선거인단을 통한 간선제와 7년 단임으로 정해집니다. 1981년 2월, 대통령 선거인단의 투표로 민주 정의당 전두환 후보가 제 12대 대통령에 당선됩니다. 대한민국 제5 공화국의 출발입니다.

제5 공화국과 6월 민주 항쟁

시민들의 반발을 억누르기 위해 거친 정책으로 일관했던 전두환 정부는 국민들의 정치적 관심을 딴 곳으로 돌리기 위한 정책도 많이 실시합니다. 야간 통행금지를 해제하여 국민들이 밖에서 밤 시간을 보낼 수 있게 하고, 해외여행을 자율화시킵니다. 또 3S(Sport, Screen, Sex) 정책이라 해서 프로 야구, 프로 축구를 출범시키고 컬러 TV를 보급했으며 성 관련 산업의 규제를 완화합니다. 교복 자율화도 시행하는데요, 제가 마침 이 세대였어요. 그래서 저는 중학교, 고등학교 모두 교복을 입지 않았습니다. 교복을 입었던 분들은 저를 부러워하실 수도 있을 텐데요, 당시의 저는 참 힘들었답니다. 특히 고등학생 때는 너무 괴로웠어요. 당시 대전에 딱 두 곳만 있었던 남녀 공학 고등학교 중 한 학교를 다녔던 저는, 매일 아침만 되면 오늘은 어떻게 공부할까에 대한 생각보다 오늘은 뭘 입고 가야 하나 하는 고민 때문에 머리가 아팠거든요.

전두환 정부 하면 다른 건 몰라도 경제 분야에서만큼은 탄탄대로를 걷습니다. 석유 값, 달러 가치, 이자가 모두 유례없이 낮아 여러 산업이 크게 발전하는 이른바 3저 호황의 시대를 맞이합니다.

통일 관련해서도 주목할 만한 일이 일어납니다. 1985년 방송되어 전국을 울음바다로 만들었던 남북 이산가족 상봉이 최초로 이뤄집니다. 전해인 1984년에 서울, 경기, 충청에 최악의 홍수 피해가 발생했었는데요, 북한 적십자회가 남한의 이재민에게 물자를 지원해 주었어요. 이렇게 훈훈한 남북 간의 분위기가 이어져 이산가족 상봉이 성사될 수 있었던 것이죠.

그러나 1987년, 나라의 분위기는 어두워지다 못해 나락으로 떨어집니다. 이 해의 사건을 그리는 「1987」이라는 영화가 나올 정도로 이때 안타까운 사건이 수없이 많이 일어났죠. 먼저 1월에 서울대 학생이었던 박종철이 고문을 받다가 죽는 일이 일어납니다. 정부에 대한 불만은 들끓기 시작했고, 민중은 내 손으로 대통령을 뽑겠다고 직선제 개헌을 요구합니다. 하지만 정부는 4월 13일에 모든 개헌 논의를 금지하는 호헌 조치를 단행합니다. 호헌(護憲), 기존 헌법을 수호하겠다는 것은 다음 대선에서도 대통령 선거인단의 간선을 통해 정권을 유지해 나가겠다는 뜻이지요. 학생과 시민들이 거리로 나와 호헌 철폐를 주장합니다. 그러던 중 또 안타까운 일이 벌어지죠. 시위를 하던 연세대 학생 이한열이 머리에 최루탄을 맞고 사망한 것입니다.

1987년 6월의 대한민국에서는 어딜 가도 민주화를 외치는 시민들을 만날 수 있었습니다. 이것이 바로 6월 민주 항쟁이지요. 결국 국민의 뜻이 받아들여집니다. 당시 여당인 민주 정의당의 영수 노태우가 6.29 민주화 선언을 통해 직선제 수용의 입장을 밝힙니다. 그렇게 해서 9차 개헌이 이루어지고, 5년 단임의 대통령을 우리 손으로 직접 뽑을 수 있게 됩니다. 9차 개헌 이후로 이 글을 쓰고 있는 지금까지는 헌법이 바뀌지 않았습니다.

이한열 추모 행진을 위해 모인 시민들

13대 노태우 정부의 정책들

바뀐 헌법에 의거하여 대통령 선거가 실시됩니다. 여당 노태우 후보와 야권의 김대중, 김영삼, 김종필 후보가 다투었습니다. '1노 3김'의 대결이었지요. 야권에서는 정권 교체를 위해 3김 세 후보의 단일화를 시도했지만 실패합니다. 그리고 여당 후보인 노태우가 13대 대통령으로 당선됩니다.

노태우 정부 때 세계인의 스포츠 축제가 서울에서 열렸습니다. 바로 1988 서울 올림픽이지요. 여기서 대한민국은 종합 4위를 기록합니다. 올림픽 개최만큼이나 눈에 띄는 것이 노태우 정부의 외교 정책인데요, 이른바 북방 외교입니다. 헝가리, 소련, 중국 등 사회주의 국가들과도 수교를 시작한 것이죠(참고로 중국과 FTA(자유 무역 협정)를 체결한 것은 박근혜 정부 때입니다).

남북 관계도 큰 발전을 이룹니다. 남북이 UN에 동시 가입하고, 화해, 불가침, 교류 협력을 기본 골자로 한 남북 기본 합의서를 체결합니다. 이후 비핵화 공동 선언도 하지요.

1987년 12월 대통령 선거에 이어 1988년 4월에는 국회 의원을 뽑는 총선이 실시됩니다. 선거 결과 야당 후보들이 여당보다 많이 당선되어 여소야대 정국이 펼쳐지죠. 야당은 정부의 정책을 사사건건 반대합니다. 게다가 국회에서는 제5 공화국의 비리와 5.18 민주화 운동 진상 조사를 위한 청문회를 개최하지요. 급기야 노태우 정부는 여소야대 정국을 타개하기 위해 합당을 추진합니다. 여당인 노태우의 민주 정의당과 김영삼의 통일 민주당, 김종필의 신민주 공화당 3당이 통합됩니다. 218명의 국회 의원을 보유한 절대다수 정당 민주 자유당이 탄생한 것이죠. 민주 자유당의 김영삼 후보가 다음 대선에서 대통령이 됩니다.

14대 김영삼 정부, 문민정부의 등장

박정희 정부부터 노태우 정부에 이르기까지 군인 출신의 대통령이 나라를 이끌어 오다가 실로 오랜만에 군인 출신이 아닌 김영삼 대통령이 취임을 했기에 이 정부를 문민정부라 칭합니다. 김영삼 정부는 거래 당사자의 실제 이름으로만 금융 거래를 할 수 있는 금융 실명제를 도입하고, 노태우 정부 때 제한적으로 실시되었던 지방 자치제를 전국적으로 확대합니다.

김'영'삼 정부여서일까요. 이때는 '영'어가 들어가 있는 일들이 참 많이 일어납니다. 경제 개발 협력 기구인 OECD에 가입했고, 다자간 무역 협상인 UR(우루과이 라운드)이 타결되었으며, 세계 무역 기구인 WTO에도 가입합니다. 그리고 뼈아픈 시련을 맞이하기도 하죠. 1997년 외환 위기 사태로 IMF(국제 통화 기금)로부터 긴급 구제 금융을 지원받습니다.

문민정부는 역사 바로 세우기 작업에도 돌입합니다. 군 내 사조직인 하나회를 척결하고 전직 대통령인 전두환, 노태우를 법정에 세워 비자금과 내란에 대한 책임을 묻기도 했습니다. 또 일제 잔재 청산을 위해 경복궁을 가로막고 있었던 조선 총독부 건물을 철거하고 황국신민학교의 준말인 국민학교라는 명칭을 초등학교로 바꿉니다. 저는 국민학교를 다녔는데, 제 아이는 초등학교를 다니게 된 거죠.

국민의 정부, 15대 김대중 정부

15대 대통령 선거에서 대한민국 헌정 사상 처음으로 선거를 통한 평화적인 여야의 정권 교체가 이뤄집니다. 1998년부터 2003년까지 이어진 김대중 정부는 국민의 정부라고도 부릅니다.

김대중 정부 하면 가장 먼저 햇볕 정책을 떠올리게 됩니다. 어디를 향한 햇볕일까요? 북한을 향한 햇볕이었죠. 현대 그룹의 정주영 회장이 소 떼 1,001마리를 이끌고 판문점을 넘기도 했고요. 그동안 운행을 중단했었던 경의선을 복원하는 것과 개성 공단을 조성하는 것에 남북이 합의를 이룹니다(이 사업의 실행은 다음 정부인 노무현 정부 때 이루어지죠). 또 금강산을 해로로 관광할 수 있게 됩니다(육로 관광은 역시 노무현 정부 때 하게 되고요).

그리고 2000년 6월, 새천년 여름에 역사적인 일이 일어나지요. 분단 이후 최초로 남북의 정상이 만납니다. 그동안 남북의 고위급 관료가 만난 적은 꽤 있었습니다. 하지만 최고 지도자 둘이 만난 것은 처음이었죠. 평양에서 이뤄진 남북 정상 회담을 통해 6.15 남북 공동 선언이 발표됩니다. 남측의 연합제 안과 북측의 낮은 단계의 연방제 안이 서로 공통성이 있다고 인정하고 앞으로 이 방향에서 통일을 지향해 보자는 것이었죠. 이렇게 남북 관계의 새로운 지평을 연 점을 높이 인정받아 김대중 대통령은 노벨 평화상을 수상하기도 하지요.

김대중 정부는 초기에 큰 과제가 있었습니다. 바로 IMF 사태를 수습하는 일이었죠. 국난을 타개하기 위해 노동자와 회사와 정부가 함께 기업 구조 조정을 논하는 노사정 위원회를 설치합니다. 국민들도 뜻을 같이해 금 모으기 운동에 적극 참여했습니다. 애지중지 아끼던 집안의 모든 금붙이들을 기꺼이 꺼냈지요. 이렇게 대한민국 전체가 한마음으로 노력한 결과, 세계가 놀랄 만한 일을 해냅니다. 2001년 IMF 체제에서 조기 졸업한 것입니다.

국민의 정부는 다양한 사회 정책도 손을 봅니다. 국민 기초 생활 보장법을 제정하고, 여성부와 국가 인권 위원회를 신설하지요. 또 제주 4.3 사건의 진상 조사와 책임자 처벌을 위한 특별법을 제정해 철저한 규명에 나서기도 했습니다.

저는 당시 군 복무 중이어서 현장에서 즐기지 못한 것이 안타까움으로 남아 있지만, 4강 신화의 쾌거를 거둔 한일 월드컵과 종합 성적 2위의 기염을 토했던 부산 아시안 게임도 김대중 정부 때인 2002년에 개최되었습니다. 월드컵 때는 군인들도 대한민국 대표 팀 경기의 시청이 허락되었는데요, 골이 들어갈 때마다 함성 소리가 너무 커서 생활관 건물이 무너질 것 같았던 기억이 지금도 생생합니다.

참여 정부, 16대 노무현 정부

참여 정부라고도 불리는 노무현 정부는 2003년부터 2008년까지 이어졌습니다. 노무현 정부 때는 2차 남북 정상 회담이 이뤄집니다. 2007년 육로를 통해 평양으로 간 노무현 대통령은(김대중 대통령은 비행기를 타고 갔거든요) 북한의 김정일 국방 위원장과 3일간 회담을 진행하고 마지막 회담의 결과로 10.4 남북 공동 선언을 발표합니다(참고로 11년 후, 문재인 정부 때 3차 남북 정상 회담이 이루어집니다. 장소는 판문점이었지요).

노무현 정부가 실시한 그 외의 주요 정책으로는 호주제 폐지, 노인 장기 요양 보호법 제정, 진실·화해를 위한 과거사 정리 위원회 구성, 친일 반민족 행위 진상 규명 위원회 출범, 질병 관리 본부 설치 등이 있습니다.

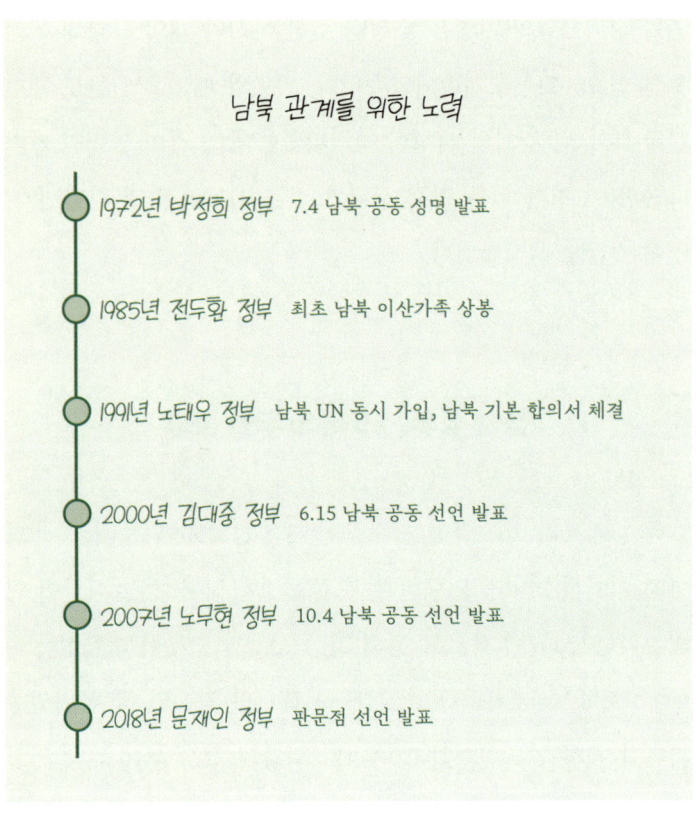

우리가 역사의 주인공입니다

자, 선사 시대부터 2000년대까지 저와 함께 떠난 한국사 여행 어떠셨나요? 부디 즐거운 시간이었길 바랍니다. 비록 저는 여기서 책을 끝맺지만, 당연하게도 역사는 계속됩니다. 그러면서 이런 생각도 듭니다. 어쩌면 지금 여러분이 계시는 그곳이 역사 현장이고, 우리가 찬란한 역사의 주인공이라고요. 혹시 모르죠. 언젠가 이 책의 다음 쪽에는 여러분이 이야기가 담길지도요. 그러니 열심히 오늘을 살아가시는 여러분이 역사의 주인이라는 걸 언제나 잊지 않길 바라요. 저도 '한국사 이야기꾼'으로서 앞으로 더 정진해 나가겠습니다!

사진 출처

* 소장 기관별로 분류해 표기했으며, 아래에 명시한 이름과 본문의 이름이 다를 수 있습니다.
* 저작권 소멸이 확인된 사진(퍼블릭 도메인)은 따로 표기하지 않았습니다.

- 강화 역사 박물관: 193쪽(어재연 수자기)
- 경기도 박물관: 246쪽(임시 정부 청사)
- 국가 유산 포털: 48쪽(충주 고구려비), 56쪽(미륵사지 석탑), 73쪽(문무 대왕릉), 75쪽(감은사지 석탑), 114쪽(해인사 장경판전), 127쪽(태조 어진), 129쪽(경복궁 근정전), 134쪽(십칠사찬고금통요), 142쪽(자격루), 147쪽(원각사지 10층 석탑), 159쪽(부산진순절도), 160~161쪽(김시민 교서), 197쪽(최익현 초상), 221쪽(구 러시아 공사관), 223쪽(환구단), 259쪽(김좌진 장군 추념비)
- 국립 고궁 박물관: 141쪽(앙부일구)
- 국립 김해 박물관: 21쪽(갈돌과 갈판)
- 국립 중앙 박물관: 15쪽(찍개), 16쪽(주먹 도끼, 슴베찌르개), 20쪽(조개 팔찌), 21쪽(빗살무늬 토기), 24쪽(반달 돌칼), 27쪽(세형동검), 45쪽(연가 칠년명 금동 여래 입상), 46쪽(호우총 청동 그릇), 52쪽(칠지도), 54쪽(무령왕릉 매지석), 62쪽(이차돈 순교비), 68쪽(가야 갑옷), 83쪽(이불 병좌상), 183쪽(정조 현륭원 행차), 189쪽

(흥선 대원군 초상), 201쪽(수신사 일행), 212쪽(최시형), 218쪽(청일 전쟁)

- 국립 청주 박물관: 19쪽(가락바퀴)
- 국립 한글 박물관: 232쪽(대한매일신보)
- 국사 편찬 위원회: 215쪽(전봉준 동상)
- 서울 역사 박물관: 296쪽(이한열 추모 행진)
- 한국 민족 문화 대백과 사전: 169쪽(삼전도비), 179쪽(탕평비), 234쪽(을미의병 격문)
- 한국학 중앙 연구원: 207쪽(갑신정변 주역), 229쪽(헤이그 특사), 239쪽(3.1 운동), 245쪽(대한민국 임시 정부), 248쪽(이봉창, 윤봉길), 254쪽(서재필과 안창호), 256쪽(6.10 만세 운동), 263쪽(지청천), 276쪽(흥남 철수 작전)

서경석의 한국사 한 권

초판 1쇄 발행 2025년 7월 15일
초판 8쇄 발행 2025년 12월 8일

지은이 • 서경석
감수 • 염명훈
펴낸이 • 황혜숙
편집 • 한아름 박혜정
조판 • 오유진
그림 • 최광렬
펴낸곳 • (주)창비교육
등록 • 2014년 6월 20일 제2014-000183호
주소 • 04004 서울특별시 마포구 월드컵로12길 7
전화 • 1833-7247
팩스 • 영업 070-4838-4938 | 편집 02-6949-0953
홈페이지 • www.changbiedu.com
전자우편 • contents@changbi.com

ⓒ 서경석 2025
ISBN 979-11-6570-352-3 03910

* 이 책 내용의 전부 또는 일부를 재사용하려면
  반드시 저작권자와 (주)창비교육 양측의 동의를 받아야 합니다.
* 책값은 뒤표지에 표시되어 있습니다.